JN150046

The

目次

写真　佐内正史
取材・構成　山崎浩一

ロックで独立する方法

第一章

わかってくれない世間が悪い

二十一世紀の夜明けも近いある日、突然、忌野清志郎が言ったのだった。

「ヤマちゃん（私のことだ）、実はオレ、つくってみたい本があるんだけど、協力してくれないかな？　タイトルだけはもう決まってるんだ」

そのタイトルが「ロックで成功する方法」だった。「ロックで成功する方法」ではなく、あくまでも「ロックで独立する方法」であるというのが、いかにも忌野清志郎だと思った。いや、それよりもまず、この時代に「ロックで成功する」ことよりも「ロックで独立する」ことの方が、本当にロックを愛する人間にとって、はるかに困難なことになっているのではないか、そしてはるかに重要なことになっているのではないか……と、初めて気づかせてもらった思いだった。

思えば忌野清志郎というバンドマンは、「ロックで成功する方法」よりも「ロックで独立する方法」を常に模索し続けてきた男だった。それも三〇年間（当時）という時間をかけて。いや、むしろ「独立」こそが彼にとっての「成功」を意味していた、というほうが正確なのかもしれない。

その彼が、それをそのままタイトルにした本を作りたいのだという。ただし決まっているのは、あくまでもタイトルのみ。内容はその時点では、まったくの白紙状態。ただ、そのタイトルが象徴している《漠然としていながらも確固たる方向性を孕《はら》んだメッセージ》だけは、忌野清志郎の一発のシャウトそのもののように、こちらに伝わってきた。「こういうタイトルの本をつくりたい」――それで十分だったのである。

が、しかし、だからといって、タイトルだけで全ページ白紙の本をつくるわけにはいかないことは、言うまでもない。そういうタイトルの本であるなら、そういう内容が書かれたり描かれていたりしなければならない。問題は「そういう内容」をどう表現すべきか、である。象徴的なタイトルから個々のナンバーが派生して、一枚のアルバムに発展していく……というのは、ロックの世界ではよくある話だ。

「方法」ってくらいだから、やっぱりマニュアルかハウツー本か？　あるいは「独立」を勝ち取ったミュージシャンによる自伝的ロック業界告発・暴露本か？　はたまた今どきの一人の若者が「自立」するための人生論なのか？

まことに呆《あき》れたことにわれわれは、いまだにそれについての完全なる合意に到達しえていないのである。それはこのシンプルなタイトルが孕んでいる問題の深さ、危うさ、微妙さを象徴しているとも言えるし、単に私の怠惰さを象徴しているとも言えるのだが、いずれにしても、そこでわれわれは一計を案じることにした。

とにかく「案ずる」よりとっとと「生んで」しまおう、と。つまり隔月刊誌『Quick Japan（以下ＱＪ）』の誌面を借りて忌野清志郎と私が毎回、形式を定めずに自由なジャム・セッションを繰り広げる。それをどうミキシングしてマスタリングして形にしていくかは、はっきりいって行き当たりばったり。そして最後に、一貫した統一テーマを持つトータル・アルバムが完成すればいいのである。

とはいえ、おおまかなガイドラインは必要なので、仮に〈ミュージシャンの巻〉〈プロダクションの巻〉〈レコード業界の巻〉〈ロック・ジャーナリズムの巻〉〈ロック・ファンの巻〉〈プライバシーの巻〉——と、全体を六部構成にしてみた。それに従えば、第一章は〈ミュージシャンの巻＝第一回〉ということになる。とはいえ、このガイドラインどおりに話が進むとは限らないので、読者諸兄諸姉は決して油断してはならない。

とにかくいずれにしても、このプロジェクトが《できれば自分の才能と情熱だけで人生と世界にコミットしていきたい》と望むすべてのあなたにとって、その実現を目指すためのヒントが満載されたものになることだけは保証できる。それがロックであろうとなかろうと、である。（取材・構成者記）

＊　＊　＊

「フリーター」はアリか？

そう、ロックであろうがなかろうが、たとえキミらが自分の才能と情熱だけで独立的な人生を切りひらきたいと強く強く望む人であっても、やはりまずぶち当たるのは「とりあえずのゲンジツ」ってやつだろう。つまり現実問題として、いきなり音楽だけで食べていけるはずがない。よほどの幸運でもない限り。

だから普通は「とりあえずはフリーター等をやりつつミュージシャンとしてのキャリアも積んでいけたら……」と考えるのが、確かに現実的で常識的な生き方ってことになる。実際、そういう道を歩んできたプロのミュージシャンは大勢いるはずだ。もちろんオレのまわりにも。その選択が正しいとか間違ってるとか以前に、それが圧倒的なゲンジツだ。

でも、そこには気をつけなくちゃいけないワナがある。

あいにくオレは音楽で食えないからといって、バイトや副業に精を出したという経験がないんだ。いや、これは別に自慢してるわけじゃないよ。

実はバイト探しをしたことはある。そう、あれは本当に食えない時代で、オレは確か二六～二七歳だった。ちょうど『週刊アルバイトニュース』なんかが創刊された頃でね。それを手に取ってバイトを探した。でも、当時は今と違ってろくな仕事がなかった。体力のないオレが最も不得意な肉体労働くらいしかなかったんだ。それでもしょうがないと思って電話した。で、来てくれって言われたんだけど、寝坊して行かなかった。やりたくなかったんだな、結局。

あ、そうそう、実は新聞配達もやろうとしたことがある。どうせ朝まで起きてる生活なんだから朝刊だけなら配達できるだろうって。新聞配達やって、寝て、また夕方起きて、朝まで曲作ってればいいや。うん、これならオレにもできそうだ、ってね。で、一週間だか三日間だか見習い期間があって、人について道順や配達する家を覚えた。そして……やっぱりイヤになって辞めた。考えが甘かった。そんなこんなで居直っちゃったんだな。「このオレがバイトなんかしちゃダメだ！」って。

まったく参考にならない体験談だったな。

もちろんオレの周囲にも肉体労働や皿洗いなんかをやりながらバンドやってるたくましいヤツはたくさんいた。腰まで髪が伸びた、細くて今にも折れそうなヤツらが工事現場でおじさんたちにアゴで使われたりして「今に見てろよ」「これでアンプが買える」みたいな青春の風景はいくらでもあった。

たとえばオレの住んでたところの近所に一軒家があって、六人くらいでそこを借りてる団体がいて、みんなでバンドなんだ。マネージャーもいて。で、全員がラーメン屋とかそれぞれ違うところでバイトしてたんだ。でも彼らは「ほとんど練習の時間がない」ってボヤいてたな。そのうちどこへともなく消えていってしまったんだが、その後、彼らがどうなったのかは杳《よう》として知れない。

結局、なんだかんだで時間とられるのが大きいと思う。休息や体力回復の時間だって必要だし。それで音楽やってる時間がなくなっちゃ元も子もない。だからできればやっぱりバイトなんかしないに越したことはないのさ。バイト先の人に見込まれて就職すすめられたりすることだってあるだろう。その時に迷ってしまうヤツだっているだろう。初志貫徹するべきかどうか。

で、結局「なにもプロにならなくても趣味としてやればいいや」ってなっちゃったり。その人の体質にもよるだろうけど、その場で上司の言いなりになってればとりあえずなんとかなっちゃうというかね。時間さえきっちり守ってれば、とりあえずそこそこ快適な生活ができるとなれば、初志だって揺らぎ始めるかもしれない。オレは幸運にも時間も守れず、体力もなかったから、そういう悩みを抱かずにすんだわけだけど。

逆に今はなかなか難しいのかもしれない。そこそこいいバイトも多いし、何やっても食えちゃうし、フリーターやりながらいずれミュージシャンに、と考えながら、結局ズルズルとフリーターに居着いてしまう。そんな誘惑がけっこう強いのかもしれない。ある意味で、ますます覚悟が試される時代になったんだ。

でも、その一方で、フリーター生活だってミュージシャン以前の社会勉強をするためのいい機会という面もあるかもしれない。何をやるにしても、どれくらい覚悟があるのかってことだと思う。そのための手段としてやるという覚悟と見通しさえあれば。曲を作るのにしたって、いろんな職場を経験していろんな人間模様を眺められるメリットというのはあるだろう。

まあ結局、だらだらフリーターをやるか、覚悟の上で手段としてのフリーターをやるかの違いだ。すごい体力があって、フリーターで何時間も働いて、帰ってからもちゃんと自分のやることもできる、ちょっとしか眠んなくてもだいじょうぶ、ってくらいのヤツなら期待できるかもしれない。でも、それが「いつでも逃げられる」っていう逃げ道になっちゃうのなら、やらないほうがいいと思う。もっとも、そんなヤツなら最初から「音楽で独立する」覚悟なんかなかった、と。まあそれだけの話なんだけどね。

路上ミュージシャンへの助言

駅前や路上にたくさんいる若者ストリート・ミュージシャンたちも、やがては路上からライブハウスへ、ライブハウスから武道館へという夢を抱いているのかもしれない。実際にそうなれた人だっているだろう。そういえばこの前のツアーで、二回ばかしストリート・ミュージシャンたちと一緒にジャムったりしたな、打ち上げの帰りかなんかに。

ただ、彼らの歌を耳にしてみて、ちょっと気になるのは、あまりにコードが変わりすぎることなんだ。オレの知る範囲でだけど。歌のことしか考えてないっていうか、サウンドとして、音楽として、まだ捉《とら》えていないんだ。弾き語りでもいいからひとつのコードで自分のノリでもってこうとか、ほとんどの人は、まだ多分そういう気持ちが全然ない。ギターと歌でひとつのものつくってんだっていう気持ちのある人が少ないように思う。

コードが頻繁に変わるっていうのは、きっと間が持たないんじゃないかな、ずっと変化してないと。コードでひとつのまとまった世界を作るという思考とちょっと違うんだ。最近のJ－POPばかり聴いてるからかもしれない。今の音楽ってコード進行でごまかしてるようなとこがあるから。変なコードいっぱい使いたいっていうのもあるかもしれない。シンプルなコードだとごまかしが利《き》かなくなって、リズムとかグルーヴが大事になってくるからね。そっちの方がずっと重要だと思うんだけど、そこまでいってないんだ。ゆずの二番煎《せん》じ狙《ねら》ってるっていうか、ゆずとかだって、最近はわからないけど、最初のころはコードがたくさん変わってって勢いだけでいってる感じが、アレンジャーがついてちゃんとロックになってる、ってタイプだったな。

それともうひとつ感じたのは、大抵アーケードみたいなとこでやってるから、すごくエコーが響いてしまって、あれもよくないんじゃないかな。リバーブがかかってね、他人に聴かせるよりも、まず自分で陶酔しちゃうパターンになりかねない。全然響かないところで、デッドなところでやったらどうなんだいと言いたい。

エラそうに言うおまえ自身には路上演奏の経験があるのか、と言われそうだが、実はない。そう、意外に思われるかもしれないが、まったくなかったんだ。本気で考えるなら、実は路上に出ていくだけでも大変だと思うんだよ。よっぽど鍛練して技を磨いてからじゃないと出ていけないだろうな、オレだったら。中途半端《はんぱ》な状態で人前に出られない「プロ意識」のようなものかもしれない。おそらく彼らにとっては、人前で物怖《ものお》じしないで演奏できるかどうかの度胸試しっていう面もあるんだろうけど。

でも、それ以前に、ほんとに聴いてほしい曲、だれかに聴かせたいものが自分にあるのかっていうのが一番の問題なんだ。他人の曲、たとえば尾崎豊とかの曲を歌ってるヤツってのは、あれはよくわからないんだけどね。替え歌にしちゃおうっていうんならまだわかるけど、尾崎豊になりきって路上で歌う心理って不思議だし不気味だと思う。やむにやまれぬ表現とか欲求があって誰でもいいから聴いてくれっていうのとは、やっぱりちょっと違うような気がする。そういう人たちが本気でミュージシャンを志望してるのかどうかはわからない。ちょっとやってみたかったっていうだけなのかもしれないし。でも少なくとも、そういう人がやがてはオリジナルをやるようになっていくとは、どうしても思えないんだ。

「自分の声」の見つけ方

なんだかキビしい話ばっかりじゃんと、キミらは思うかもしれない。確かに最初にも言った。とりあえずのゲンジツってやつはキビしい、よほどの幸運でもない限り、と。いいことばかりはありゃしない。じゃあ今度は、その「運」の話をしようか。

この運ってやつも、なかなかそう単純に、ツイてるとかツイてねえとか割り切れるものじゃないんだ。極端に言ってしまえば、運と言えば、あらゆることが運だとさえ言えてしまうのかもしれない。

そうやって思い返してみれば、オレ自身とても幸運だったんだと思ってる。どこが一番幸運だったか説明するのは難しいんだけど、たとえば自分の歌を最初にだれが聴いてくれて、だれが興味を持ってくれるか、とかね。

それ以前だと、たとえばオレのデビュー当時は、みんながフォークソングに影響されて、みんなが同じギターを持って歌っていたわけだけど、その中で自分の声を活《い》かす方法をどうやって見つけ出したか——そういうのも一種の運じゃないかなって思う。

自分の声って他人にどう聞こえてるのか、ってなかなか正確にはわからなかったりするからね。テープに吹き込んで初めて聴いた自分の声が、とても自分の声とは思えなかったり。もっとも、テープの声が自分の「本当の声」かどうかも、実は正確にはわからないんだけど。

特に自分の歌ってる声を客観的に聴くことの少ない当時は、こうすればこうなるっていうのを自分でやっていくうちにつかんでいくしかなかった。それはもっと広い意味で言えば、自分の個性を早く発見するってことでもあるかもしれない。自分の武器になるもの。自分にしか出せない声。それがわかれば、進むべき声がだんだん見えてくる。

さらにだれかそれなりにわかってくれる人に出会えれば、その方向性を確認させてくれたりもする。この方向で間違っていないんだとか、もっとこうした方がいいんだとか、わからせてくれる。そういう出会いもある種の運だろうな。少なくともロックとかバンド活動に関しては、恩師と呼べる人がいたわけじゃなかったし。

でも、初代マネージャーの金田さんていう人が、「おまえの声は黒人みたいだからこういうのを聴きなさい」ってR&Bのレコードをたくさん貸してくれたっていうのは、やっぱり大きかった。

それがなかったら、自分の個性に対してたいした自覚のないまま、やっぱりみんなが聴いてるビートルズあたりを安易にコピーして、そのまま行っちゃうと「チューリップ止まり」かなって感じだったかもしれない。実名出しちゃうとナンだけど。自分じゃなかなかそこまでは気づけなかったと思う。そういうことを気づかせてくれる人が自分の前に現れるか現れないかっていうのは、すごくミュージシャン志望者の人生を左右するだろうね。ミュージシャンに限らないけど。

「ツイてる／ツイてねえ」はそんなに単純に決められるものじゃないんだ。さっきも

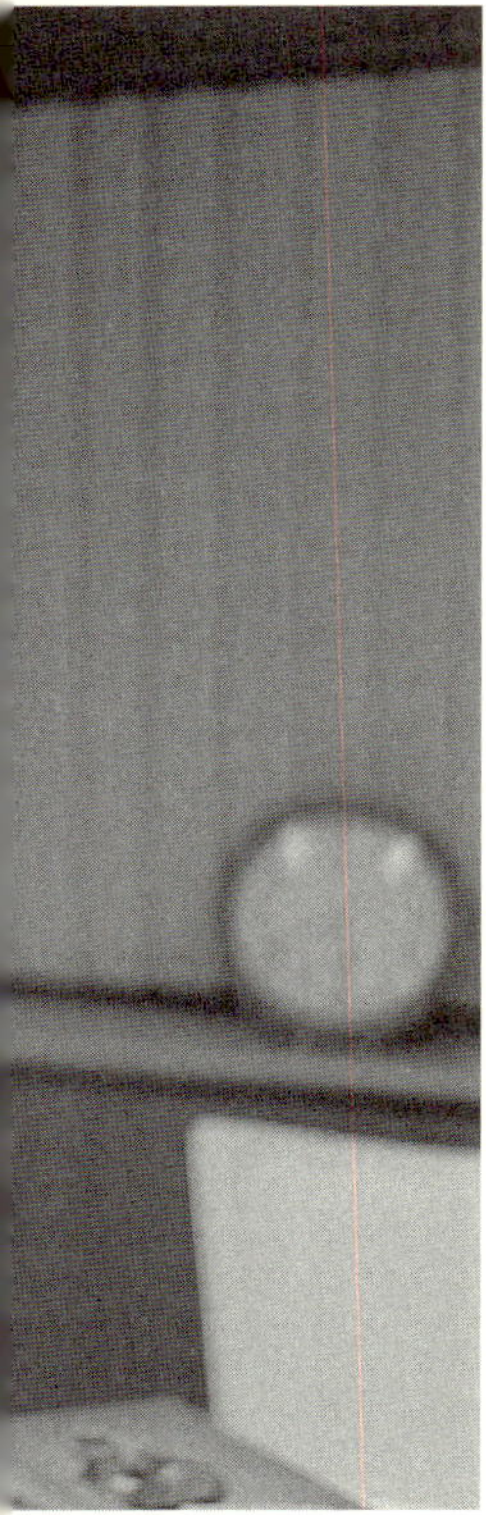

言ったろう。オレにもっと体力があったら、『アルバイトニュース』で見つけた肉体労働のバイトでもなんでもやってるうちに、何か別の世界に迷い込んでいなかったとも限らない。

　確かに今どきのミュージシャン志望者は、たいした対価も払わずに、いや、まったく払わずにだって、ありとあらゆる音楽を手に入れることができる。その点では、オレらの時代よりもずっと「幸運」な環境のはずだろう。

　でもね、『ブレイク・アウト』っていうインディーズのテレビ番組があるんだけど、先日、その何回記念かで〝ブレイク・アウト祭り〟ってのをやってた。そこに応募してきた全部のインディーズが、二〜三秒くらいずつ映像とともに出るんだけど、ほんとにもう個性がないったらないいんだ。かわいそうだなって思うくらい、みんなだれかのマネでしかないいんだよ。

　マネだけだったら誰でも見事に完璧《かんぺき》にできちゃう環境が今はあるから。だから逆に新しいものが出にくい。あらゆるものが出尽くしてるように思えてしまうからね。情報が多くあるほど、そっから自分がほんとに好きなものを選択するのは、ものすごく難しくなってるんだ。五〇年代から九〇年代まで全部そろっちゃってるし、自分の好きな音楽なり自分のやりたい音楽が、最初からきっぱりとわかってればいいんだけど、こういう環境だとものすごく迷う。

今、流行《はや》ったりウケたりしてるサウンドというのが確実にあるわけで、ある程度優秀な器材があって、やろうと思えば、それがけっこう簡単にできてしまう。さらに「幸運」なことに、楽譜も随分そろってるしね。一〇〇〇円くらい出せば完全コピースコアが手に入っちゃう。音楽雑誌とか見ると、全部「タブ譜」からアンプのチューニングまで網羅されてる。もういきなり完コピできるよね。

昔の『新譜ジャーナル』とか『ｇｕｔｓ』とかの楽譜を今見直してみると、けっこう不正確だったりするんだけど、でもそのズレから偶然新しいサウンドが発見できる、なんてことだってあるはずなんだ。ミュージシャンになるための情報を漁《あさ》るのは確かに大切かもしれない。でも、これからはむしろ情報を捨てられるヤツこそが強い時代が来るのかもしれない。それがものすごく勇気のいることだってことは、きっとオレよりもキミらの方が知ってると思う。

「ロック専門学校」の意味

なにしろ最近は〝ロックの専門学校〟とか〝ポップ系作詞・作曲スクール〟とかさ

え完備されてる。オレも一度、そういう音楽教室の講師に誘われたことがあるんだ。音楽教室の人に「講師やりませんか？　やりませんよね……」みたいな感じで。偶然、焼肉屋かなんかで会ってね。まあ、知り合いの同業者にも講師やってる人がいるんで、あんまり言えないんだけど、あれはいったい何を学びたくて行くんだろうね？　テクニック？　でも、前にやった人のテクニックいくら盗んでも自分のもんじゃないし。

なぜなのかはわからないけど、そういうとこに通ってた人が独立独歩のミュージシャンとして大成したっていう話、あまり聞かないんだ。スタジオ・ミュージシャンやカラオケ・ミュージシャンにはいるのかもしれない。いや、いかにもいそうな気がする。

でも、今と昔の最大の違いとして、とにかくロック・ミュージシャンが曲がりなりにもまっとうな職業として認知されるようになってきた、っていうことはある。だからある種の研修や職業訓練を受けてミュージシャンになる、という発想は別に不思議じゃない。だって芸術学校やアートスクールと基本的に変わらないわけだから。だれかがやってきた音楽を知ることで、まだだれもやってない音楽へのヒントがつかめる、っていう面もあるだろうし。

でも、作曲なんかは既成の曲を教材にして教えたりするんだろうか。この名曲のこのコード進行のココがポイント、とか。そういうことを一ヵ所に集まって完全にプログラムされた授業を受けたいと思う人たちから、何か新しい音楽や才能が生まれてくるような気が全然しないんだけど。偏見かな。

結局、「ミュージシャンになりたい」と「こういう音楽がやりたい」とでは、全然意味が違う。「どんなミュージシャンになりたいの？」と訊《き》かれて「いやー、ナントカみたいな」という言い方しかできなくなっちゃってるんじゃないかな。ロックを学校で教わるっていうのは、そういうことのような気がする。

「こういう音楽がやりたい」「オレにはこういう音楽がある」っていう強い意志と自信さえあれば、その手段や場所や環境に迷う必要なんかないはずだ。だから初期のRCサクセションも、デパートの屋上の客寄せイベントだろうがビアホールのサービス音楽だろうが、少なくとも自分たちの音楽をやらせてくれるなら、もうどこでも演《や》った。全然迷わなかった。もちろん恥ずかしいなんて少しも思わなかった。一ヵ月間、スキー場のハコバンやったこともあったな。もっとも三日でクビになったけど。

ありとあらゆる場所で演奏したよ。場末のスナックみたいな場所もあった。でも、もしもその頃に「音楽はいいからラジオのディスクジョッキーだけやってくれ」とか言われてたら、それはお断りだったと思う。たとえギャラが良くても。でも、バンドで三人で行って「自分たちの音楽」をだれかに聴いてもらえるなら、それがどんな場所であろうと全然迷いはなかった。

迷わずどこでも演奏できたのは、仕事を選べなかったからじゃなくて、とにかく自分たちの作品や演奏に自信があったからだ。とにかく自信だけ過剰なほどあった。全然不安はなかった。「自分を信じる才能」というか「思いこみ」というか、とにかく「自分はダメかも」とか「まあまあかな」とかって思ってる人より、「オレが一番強いんだ」って思ってる人が強いに決まってる。そういう自信がなけりゃとてもやってこれなかったと思う。それがなきゃ裏方にまわったほうがいい。

世間と自分

でも、それでも、そうは言っても、やっぱりキミらは言うだろう。たとえそんなに自信に満ちていても、その自信と周囲の評価や反応とのギャップは必ずあるだろう、と。自信があればあるほど、かえってそのギャップは広がる一方ではないか、と。こんなにオレの音楽は素晴らしいのに、世間はなかなか気づいてくれない、わかってくれない、承認してくれない、そのギャップをどうしてくれるんだ、と。

そう、「なんで世間はオレを認めないんだ！」というモンダイは、常にある。おおいにある。ここは重要なところなんだよ。このギャップをどう乗り越えていくのかが、第二の大きな課題になってくる。〈世間と自分〉問題だ。

で、普通、「オレはこんなすごいのにあんま売れてないんだ」って言うと、「どうしてですか」とツッコまれる。で、「いや世間が悪い」って言うと、「そうじゃないんじゃないの、自分が悪いんじゃないの、力がないんじゃないの」であっけなく片づけられちゃって、自分もそういうことでけっこう納得しちゃう、ってことが多いと思うんだ。これはもうひとつの決まり文句。「力がないんだ、世間のせいにしちゃいけない」って、必ずだれかが忠告してくれることになってる。

でも、それで簡単にこちらが納得しちゃったら、これはもう、わかってくれない世間に合わせる方向に行くしかないじゃないか。それだともう、すごくつまんないことになると思うんだ。実際、世間も悪いし、レコード会社も悪いんだっていう責任転嫁《てんか》もできるし、事務所が弱いんだっていう場合もあるかもしれない。いや、お客が馬鹿《ばか》なんだ、とかね。でも、そっちのほうがオレはなんか、ホントのような、真実味があるような気がするんだよ。

そう簡単に反省しちゃいけないと思う、自分の両腕だけで食べていこうって人が。

それがひとつの大きな落とし穴で、そこにはまったら、なかなか元にもどれないんだ。音楽に限らず、表現ってそういうものだろう。そういうケースって実はすごく多いし、その問題ってすごく大きいと思う。わかってないヤツ多いんだ、そこのところが。おそらくキミも、よくわかってない。

「なんでオレが売れないんだろう?」って、もちろんだれもが、才能ないヤツだって、そういうふうに思う。二〇歳くらいだったら、みんな自分は天才だって思うもんだ。

そのギャップの大きさとどう折り合いをつけるか。つかない場合もあるだろうし、そこで挫折《ざせつ》する人がすごく多いはずだ。結局、事務所の言いなりになって、やりたくない音楽やり始めちゃうとか。それがそこそこ成功しちゃうと、それである種ミュージシャンとしては死んだようなもんだ。もちろんそれでいい、それで満足だというなら、初めからその程度のもんだったってことだ。でも、そうまでして音楽やってても あまり楽しくないはずだし、楽しくないことは絶対に長続きはしない。

「世間のせい」にしちゃえるか?

でも、それにしてもと、キミらは言うだろう。それにしても、世間様にそう簡単に妥協しないほど「自分を本気で信じる」ことなど自分にできるだろうか、と。「オレは天才だ」と自信過剰ないまどきの二〇歳だとしても、それが自信のなさをカバーする虚勢にすぎないことに薄々気づいていたりするものだ、と。ホンモノの自信とは、どこからどのように生まれてくるものなのか、と。

すまないが、やっぱり月並みなほどシンプルな言い方しかできない。それは「努力」からしか生まれない、と。

もっともオレ自身は「努力すれば報われる」とか、努力しようとか、努力したいとか、常々思ってるとか、座右の銘にしてるとかいうわけじゃない。いや、そんなふうには意識したことがなかった、という方が本当のところだ。

「努力」と言ってしまうと、なんだか好きなことを犠牲にしてでも、やらなくちゃいけないようなイメージがある。でも、今やってることこそが、まさに「好きなこと」なんだから。それは努力じゃなくて遊びだよ、みたいなとこが常にあった。

一日八時間くらいずっと家でギター弾いてた時期があったんだけど、その頃、外でアベックがいちゃついてる場面がちょうど部屋から見えるような家に住んでた。でも、アベックのやってることよりもずっと楽しいと思ってた。いちゃいちゃしているヤツより、だれよりも気持ちいい。ギター弾き続けながら、どんどん上手《うま》くなってる自分をイメージしてることの方が、ずっと。何も犠牲にしてない。

端から見りゃ「努力」かもしれないけど、こういうことを簡単に「努力」って言っちゃうと、かえって矮小《わいしょう》なものになってしまう。「好きなことをやり続ける」は、そんな安っぽいもんじゃない。「わかってくれない世間のせいにしちゃえるほどのこと」を、「やっぱりダメかと簡単には反省しちゃえないほどのこと」を、自分がどれだけできてるかっていうのが大切なんだ。そこまでの自信を持てないと言うなら、それは最初っからそれほど好きなことなんかじゃなかったんだよ。

「わかってくれない世間」に対して「今に見てろよ。いつか見返してやるぜ」っていう反発心は、もちろんあった。フラれた女に対するみたいな。それがヘンな方向に屈折して暴発しちゃうと、「オレを認めない世間」に向かって刃物振り回しちゃうヤツもいる。ついこないだもいたよね。「ロックやってなかったら、ただの犯罪者になってた」とインタビューに答えたりするミュージシャンもよくいるけど、まあ、それはまたちょっと別の話だろう。

でも、よっぽどでもない限り、自分のやってることを完璧にだーれも認めてくれないってことは、めったにないと思うんだ。いくらなんでも、たとえばキミの恋人だけはわかってくれるとか。ま、家族はあんまり認めてくれないとしても、少なくとも何人かの友達くらいはさ、本気じゃないにしても、多少は認めてくれるはずじゃない。たとえお愛想でも応援もしてくれるだろうし。周囲にそういう人間がいることだって、ある種の運ともいえるし努力ともいえるのかもしれない。わかってくれる何人かの熱烈なリスナーがいれば、それは自分の音楽をあきらめずに続けていくためのエネルギーにはなるはずだ。

でも、やっぱり「なんであんなくだらない音楽がオレの一〇倍も売れるんだろう」とか「今に見てろよ」とかいう朴訥《ぼくとつ》な反発力は必要だし、もちろんオレもいまだに持ち続けてる。そういう気持ちがなくなったら、やっていけないと思うし。そこでやめるとなるとさ、そのつまんない音楽を認めなきゃいけないっつうことになっちゃうからね。

いじけそうになったりくじけそうになったりすることはあったし、今もある。でも、やっぱり好きなものを、好きなことをやってくんだっていう気持ちの方がずっと強い。その一方で「こうすりゃ売れるのはわかってるんだけどさ」とかって強がってみたりもする。どっちも正直な気持ちさ。

面白がって一〇〇万枚売る

若かった時代の『わかってもらえるさ』なんて曲は、あれがそのまま当時の自分の素直な気持ちだったと思う。オレの目から見ても「才能があるのにまったく売れてないヤツ」は周りに当然いたし、そういうのも含めて。いや、デビュー曲の『宝クジは買わない』は、別に「幸運に背を向けて実力勝負だ」とか、そんな深い意味を込めたわけじゃない。もちろんそう思ってくれてもいい。

ただ、今の音楽の場合は、あまりに売れるものと売れないものの二択になり過ぎてしまって、むしろ昔の方が、その間にもっといろんな選択肢が雑多にあったような気はする。今は売上枚数よりも聴く側との関係性——「二〇〇万人との空《むな》しい関係より一万人とのいい関係を」という発想ができにくくなってる。作る側・売る側が、そういう発想をしなくなってしまった。「だれがなんと言おうが、気に入ったアーティストがいるからオレはこいつを売るんだ」っていうディレクターや宣伝マンが、八〇年代初めくらいまではたくさんいたはずなんだ。「こいつはとにかく絶対いいんだ」という行き過ぎなくらいの信念や思い入れが先にあって。なにより音楽がメシよりカネより好きなヤツらの集団だったんだから。たとえ子供だましのモンキービジネスだとしてもね。

それがいつのまにか気がつけば、みんなサラリーマン化しちゃってる。いっぱいタレント抱えて、お決まりのパターン化した宣伝しかやらなくて、コンサートには音楽と関係ない警備会社が入ってきて……。ビッグビジネスになって、音楽以外のいろんな要素が介在してきて、そこに入り込む人間も増えてくれば、この業界にたまたま身を置いて、扱う商品がたまたま音楽だっただけ、って人も大勢いることになる。インディーズでさえ「インディーズ部門」っていうひとつの末端管理システムになっちゃってる。ミュージシャンと聴き手との間にいろんなものが割り込んでくるんだ。

そういうものがバブルみたいにいつか飽和して、ガタガタってきちゃうような気もしてるんだけどね。逆に一斉にリスナーがそっぽ向いちゃうと面白いような気がしたり。そういう突破口は結構あるのかもしれない。

そりゃミュージシャンとしては、一枚でも多く売りたいっていう気持ちは当然ある。ミリオンセラーになれば、それはそれで当然うれしい。逆に絶対自信を持ってたものが思ったほど売れなかったら、やっぱり周囲や世間のせいにしたくもなる。まあ、オレの場合、そういう体験の方がずっと多くて、それで何度やめてやろうって思ったかわかんないんだから。世間のせい、レコード会社のせい、事務所のせい、メディアのせい……。

だから、そういう部分から完全に独立して、すべて自分が責任を負いたい、自分でレコード会社作りたい、全部自分たちでやりたい、いろんなものにいちいち責任転嫁したくない、っていう結論に、やっぱり行き着いてしまう。

でもさ、オレはね、一生に一度、一〇〇万枚っていうのを売ってみたいんだ。音楽をなんにも変えないで、この感じで。まるで共産党が政権とるみたいなもんだろうけど。「売れたい」というより「面白がりたい」っていう欲求のほうが圧倒的に強いんだけど、とにかく「一切の妥協なしの一〇〇万枚」。これをマジで一度だけやってみたい。二度はいらない。これはすごく逆説的なやりがいのあることだと思うんだ。「売れなくてもいいから自分のやりたい音楽だけを独立したプロとして一枚でも多く売り続けたい」なんて、そもそもすごく矛盾した欲求を抱えながら三〇年間もやってきたわけだから。

そういうものを抱え続けたからこそ、今日までやってこれた気がする。「一〇〇万枚」っていう数字が成功なんじゃなくて、そんなふうに思えるってこと自体が、オレにとっての成功なんだと思うんだ。

第二章

歌われていないことは山ほどある

キヨシローに履歴書送るヤツ

えーっと、そうだ、キミたちは〝ロックで独立する方法〟を身につけたいんだったっけな。本気でそう思っているのなら、まずこれだけはやってほしくないというのが、ひとつだけある。それは「ずっとキヨシローさんに憧《あこが》れてました。オレの歌聴いてください」などと自分のデモテープをオレにいきなり送りつけてきたりすること。テープやCDが添えられているんならまだいいんだけど、中には何を考えてるやら、妙にカマえた写真つきの履歴書だけ送ってくるヤツまでいる。

こういうのは非常に困る。いや、オレ自身も困るけど本人はもっと困る。オレに「なんとかしてもらえる」「せめて助言くらいもらえる」とでも思っているのかどうか知らないが、とにかく「すでにその世界にいる人間」におうかがいを立てなきゃ決断できないようなヤツは、最初からやめておいたほうがいいだろう。どうせろくなことになりゃしない。

そもそもこういうタイプの人は、きっとオレだけじゃなく、いろんなミュージシャンに同じものを送りつけているだろうが、こういうやり方でまともなミュージシャンになれたヤツがいたって話は、いまだに聞いたことがないし、おそらく今後も聞かないだろう。

そういうヤツから送られてくるテープは、なぜかどれも驚くほどよく似ている。いつも同じヤツかと思うほどだが、名前と住所を見るとやはり別人らしい。とにかく一曲目の頭だけ聴けば、あとは聴かなくてもいいくらい似ている。だからもう聴かないことにしているので、もう送ってこないでほしい。これ以上地球にゴミを増やしたくないからね。

たった一曲だって、他人に最後まで聴かせるということは、けっこうすごいことなんだ。音楽に限らず、映画だってマンガだってお笑いだってね。

〈オールナイト・ニッポン〉にマンガ送ったヤツ

いや、実はオレだってデビューする前は、似たようなことをやってた。当時はまだハイファイのカセットテープなんかなかったから、デモテープは送れなかったけどね。

オレの場合は、なんとマンガだったんだ。そう、自分たちのアマチュア・バンド活動をノート一冊分くらいマンガに描いて『ＲＣサクセション』とタイトルつけてね。

それを〈オールナイト・ニッポン〉で当時一番人気のなかったパーソナリティに送った。一番人気のないパーソナリティなら、きっとヒマだから番組で紹介してくれるんじゃないかと期待したわけだ。結局、番組ではなんの音沙汰《おとさた》もないまま、最後は「がんばってください」っていうメッセージを添えて、ノートはそっくり送り返されてきた。きっとそのパーソナリティって、すごくいい人だったんだろうな。

まあ、オレだって「ロックで独立するために」いろんなことをやってたわけだけど、でも、現役のミュージシャンに「僕の才能はいかがでしょうか？　もし気に入っていただけたら、なんとかお力添えを……」なんておうかがい立てたり取り入ったりみたいな発想は、さすがになかったぜ。

「似てるけどまったく新しい」を目指して

おそらくテープを送ってくる彼らだって、自分の歌や演奏はものすごく「個性的」で「この世にふたつとないオリジナルなもの」だと信じ込んでいるだろう。でも、個性とかオリジナリティとかいうものは、単に生まれつき備わっているだけのものでもないし、かといって人工的に演出できるというものでもない。そんな単純なもんじゃないんだ。「個性的」であろうとすればするほど「没個性的」な似たり寄ったりのものになってしまう……といった逆説は、よくあることだ。

デビュー当時のオレたちだって、そんな逆説の中でさんざん試行錯誤を繰り返してきた。たとえばビートルズのあのブレイク（音楽用語だよ）の仕方がカッコイイから、ちょっとマネしてみたい。でも、まったく同じじゃメンバーが納得できない。プライドが許さない。だから「似ているんだけど、まったく新しい」という、ある種矛盾した地点を必死で探し続ける——そういうことの連続だったんだ。

当時は「前衛芸術」やら「前衛ジャズ」やらが流行《はや》ってて、アヴァンギャルドが偉いみたいな風潮もあった。でも、アヴァンギャルドって、なんだかみんな似ちゃうんだ。ひとつのスタイル、様式になっちゃってたわけだ。そのくせ「売れないから偉い。売れちゃいけない」みたいな鼻持ちならないエリート意識もあって。そういうのはイヤだった。ポップじゃないのはイヤなんだ。

つまりアヴァンギャルドに走るのはイヤだ、売れないし、だけど、たとえ売れるとしても、ポップに流れて売れセン狙《ねら》いになるのも絶対イヤだ、と。そういうジレンマの中で揺れ動きながら、自分たちだけのスタイルやオリジナリティを模索していくしかなかった。もちろん今も同じさ。

「雨あがりの夜空に」をブッ壊せ！

でも、そのへんが実は、この仕事の一番スリリングで面白いところなんだ。このジャンルに限らないけど。もちろん中には、売れたいばっかりに完全なパクりに走ったり、売れセンのヒット曲を分析・研究して、マニュアルとノウハウだけで曲つくっちゃうミュージシャンなんかもいるけど、そんなのどこが面白いんだろう？　しかも、それで売れなかったりしたら（売れないことの方が圧倒的に多い）ミジメだと思うね。だからキミたちにも、そういうスリリングな部分を楽しんでほしい。アヴァンギャルドとポップの間の綱渡り。歌詞にしても「他人がまだ何を歌っていないか」を探してほしい。まだまだ「歌われていないこと」は山ほどあるはずだ。

ただし曲があまりキレイにまとまり過ぎてしまうと、なんだかつまらない。というより、これはちょっと疑ってみたほうがいい。たとえそれが大ヒットしたとしても、それが自分の音楽をその後ずっと縛り続け、そこから抜け出すことをファンや周囲が許さなくなっちゃう恐れだってある。これは実はけっこう怖いことだ。つまり自分が自分を延々とコピーし続けるハメにならないとも限らないわけだ。もちろんそれでもいいってヤツもいるだろうけど。オレはイヤだな。

たとえば、『雨あがりの夜空に』は、そういう曲だったんだ。あの後、ああいう曲がやたらいっぱい出てきた時は、ビックリしたしブキミだった。ひとつのスタンダード・紋切り型になっちゃう曲を作ったっていうのは、それはそれで気分がいい反面、なんだか気持ち悪くもある。で、なんかくだらねえなって思い始めて、『カバーズ』みたいなことをやりたくなっちゃったんだけどな。『雨あがり』的な世界を壊したくなったんだ。え？　あの路線で「キレイにまとめた曲」をつくり続けてたら、もっと売れてるだろうって？　ああ、ご忠告ありがとう。確かにそうかもしれないが、そのかわりとっくに消えてたかもしれない。それでも満足なミュージシャンも、今はけっこういるのかもしれないが、オレには信じられない。

岡本太郎のアヴァンギャルド／コンテンポラリー二元論

そういえば、アヴァンギャルドって言葉で思い出した。こないだ、ファンの人から岡本太郎の『今日の芸術』って本を贈られた。「キヨシローさんの考え方とすごく似てると思うので……」って手紙と一緒に。読んでびっくりだったね。あれってもう五

○年くらい前の本なんだけど、今読んでも凄《すご》い。

芸術にはアヴァンギャルドとコンテンポラリーがあって、アヴァンギャルドは時代をブッ壊していくんだ、と。それに対してコンテンポラリーはアヴァンギャルドがやったことをうまく取り入れて流行にしていくんだ、と。コンテンポラリーが始まっちゃうと、アヴァンギャルドもコンテンポラリーに吸収されちゃうから、古くなってしまう。だからそれを再びアヴァンギャルドがブチ壊してかなきゃならない……。自分はそういう存在でありたい。

——と、そういうことが書いてある。

さて、ここで問題です。

①アヴァンギャルドとコンテンポラリーでは、どちらが儲《もう》かるでしょうか？
②アヴァンギャルドとコンテンポラリーでは、どちらが面白いでしょうか？
③そして、あなたはどちらになりたいですか？

正解は①これは絶対コンテンポラリー。②そりゃアヴァンギャルドに決まってる。③ここで意見が分かれるだろうな。どっちを選ぶかは、その人の個性や人生観で違ってくる。これはさっきの「アヴァンギャルドとポップ」の話に重なるわけだけど、まるっきり一致するわけでもないような気がする。さっきは両方の間を揺れ動いてたわけだけど、今度の場合はやっぱり「壊す側」にいたいと思っちゃう。

だってアヴァンギャルドがいなけりゃ時代はちっとも変わりゃしないし、コンテンポラリーもメシの食い上げだ。いや、コンテンポラリーは過去の遺産を食い潰《つぶ》すしかなくなる。

つまり、今の時代の停滞感や閉塞感《へいそくかん》は、アヴァンギャルドがほとんどいなくなって、コンテンポラリーばっかりになっちゃってることから来てるんだよ。アヴァンギャルドは割りにあわねえ、コンテンポラリーの方がラクして儲かるぞと、こういう風潮が八〇年代からこのかた、はびこりすぎちゃってるわけだ。

今の時代が面白くない理由

この本には、こんなことも書いてある——

昔、岡本太郎が子供のころは、みんなが着物を着ていた。そんな中で、彼のお母さんは洋服を着ていた。当時は道行く人々がみんな振り返って、すごかったらしい。でもそのうちみんなが洋服を着るようになって、今度は着物の方が珍しくなった。ようするに流行とか芸術の移り変わりっていうのは、そういうもんだって。岡本太郎は、最初に出てきて「何だあれ？」とか「変だな」とか「怖いな」とかね、みんなが目を背けるようなものをよく観察したほうがいいんだって言ってるわけ。

　だけど今、若者のファッションなんてさ、どこ行ったってみんな同じになっちまった。目を背けたくなるようなものなんて、どこにもない。ガングロだってすぐに「認知」されて「理解」されてしまう。これはもちろんアヴァンギャルドがコンテンポラリーに吸収されるシステムが昔より高度に自動化されてしまった、という面もあるんだろう。

　でも、やっぱりアヴァンギャルドそのものもパワーダウンしちゃってるんだろうな。まあ、みんなが安全なコンテンポラリーの側に回っちゃって、アヴァンギャルドが出てくるのを待って、柳の下のドジョウを狙ってるんじゃ、何も起こらないに決まってるわけだけど。

　逆に言えば、そんな時代だからこそ、アヴァンギャルドをやるチャンスでもあるんじゃないか？　そう簡単に理解されないこと、だれもやっていないこと……まだいくらでもあるはずだ。

こういう本を読んでおくことは、実にタメになる。本くらいはやっぱり読んだほうがいい。オレも若い頃、売れない頃は、その隙《すき》にけっこう本を読んだ。アラン・シリトーの『長距離走者の孤独』、ジョン・アップダイクの『走れウサギ』、ジョン・スタインベックの『怒りの葡萄《ぶどう》』……その他モロモロ。あとヘルマン・ヘッセの一連の、売れない芸術家が死んでいくような悲惨な物語に、逆に励まされたりもした。

もちろん本を読んでるヤツが偉いとも思わないし、賢いとも限らない。でも、表現するネタは、自分の中にいっぱいあったほうがいいに決まってる。少なくともオレは、あの時代に本を読んでおいてよかった、と思ってる。音楽しか聴いてないミュージシャンは、たぶんすぐに涸《か》れちゃうんじゃないか？　過去の音楽の領域から出られなくなっちゃうような気がする。やっぱり音楽だって人間がやることなんだから、その人間の中にどんなものが入ってるかが問題になってくるんだよ。もちろんだからといって、オレと同じ本を読もうとするヤツは、あまり有望とはいえないけどな。

とにかく今の時代、コンテンポラリーは腐るほど有り余ってるけど、アヴァンギャルドは完璧《かんぺき》な人材不足だ。これから何かを始めようってんなら、ぜひ人材不足の「職場」に挑戦してほしい。その方が注目されやすいし、第一、面白い。

ベニヤ板と針金で作った最初のギター

まあ、オレがバンドを志した時代に比べて、今の時代は確かに環境的には圧倒的に恵まれてるかもしれない。なにしろオレが中学生の頃、ベンチャーズのエレキ・ブームをきっかけに「ギターが欲しい」と思い始めた時、周りにはまともなギターだってなかったんだ。

まともなギターは高嶺《たかね》の花で、庶民のガキにはとても手の届くシロモノじゃなかった。

だから最初は、自分で作るしかなかったんだよ。ノコギリでベニヤを切って、それに針金を張ってね、弦やフレットの数もわからなかったから、もちろんカッコだけ。音なんか鳴るわけがないけど、ギターの形さえしていればそれだけで嬉《うれ》しかった。それぐらいギターが欲しかったんだ。今ならそのへんの楽器屋やリサイクルショップで、中学生の小遣いでだってギターは手に入る。ロックギターの教則本だってバンドのスコアだってCDだって、もうあらゆるものが揃《そろ》ってる。でも、オレらの頃は、ギターの教則本はクラシック・ギターか古賀政男しかなかった。

ものすごく恵まれてるんだよ、キミらは。

でも、恵まれてるのも良し悪《あ》しだ。むしろ恵まれすぎてるからこそ、エネルギーが阻害されちゃってるんだ。だってオレらが「ロック・ミュージシャンになりたい」なんて言ったら、親も教師も友達も、みんながみんな一〇〇％反対してくれたもんだった。まあ、せいぜいわははと笑ってまともに相手なんかしてくれなかった。もうそれだけで社会の落伍者《らくごしゃ》みたいなもんだから。でも、それはとても幸福なことだったと、今は思える。

今はロック・ミュージシャンという仕事も、しっかり市民権を得てしまった。「ロック・ミュージシャンになりたい」と言えば、親も教師も友達も誰も反対しないどころか、「がんばれよ」と応援してくれさえする。オーディションに父母同伴なんてことだって珍しくないかもしれない。

でも、周囲が最初からそんなに「理解」してくれちゃってたら、本気でロック・ミュージシャンになる決心なんて、できるんだろうか？　周囲からの反対やら妨害やら軋轢《あつれき》やらがあるからこそ、自分が本当は何をやりたいのか、何になりたいのか輪郭がはっきりしてきて、「よし、オレの気持ちはホンモノだ」っていう確信が固まっていく……そういうものなんじゃないのか？

自分の息子や娘が「ずっとフリーターでもいい」って思ってる親が七〇％だか八〇％だかいるなんていう時代は、けっこうヤバくてキツい時代なんだろうね。まあ、逆に言えば、「周囲がこんなにものわかりがいいのに、それでもロックをやりたい」っていう本気が試される時代ともいえるわけだけどね。つまりロックにとって今の時代は、昔よりも「逆境」が強まった時代なのかもしれない。

親に「理解」されてしまう不幸

親や周囲からのプレッシャーは、もちろんオレにだってあった。なにしろ「バンドで食っていきたい」なんて公言しようもんなら、頭がおかしいとしか思われなかった時代だ。しかも高校もけっこう進学校だったしね。

うちの母親も、どうも息子が進学せずにバンドをやり続けるつもりらしいと知って、ほとほと困り果てて高校の先生に相談に行ったり、朝日新聞の人生相談欄に投書したりしてたんだ。そう、母親の投書が朝日新聞に載ったんだ。

「うちの息子は来年受験を控える身なのに、勉強そっちのけでバンドにうつつを抜かす毎日です。どうにかならないものでしょうか?」って。それがクラスで評判になっちゃって、もう大変だった。

で、高校の先生の方は、これはあとから聞いた話だけど、どうやら、「大学に行ったと思って、四年間だけ好きなようにさせてあげたらどうですか?」って言ってくれたらしいんだ。

「大学に行ったと思って」っていう理屈がなんだかすごいだろ。まるで「死んだと思って」みたいな言い方なんだ。またそれで納得しちゃううちの母親も、今思うとなんだかすごいけどね。

もちろん息子の決心の固さと思い込みの強さを、それまでに思い知らされていたからなんだろうけど、でも、親が何も心配も反対もしてくれてなかったら、あそこまで頑張れたのかな。「周囲の反対を振り切っちゃったんだから、もう後には退《ひ》けない」っていう状況がなかったら、その後どうなってたかわからない。

キミは自分の夢をマンガに描けるか?

高校時代のオレが「ロックで独立」したいという初志を貫徹するために実行していた、あるイメージトレーニングがある。実際はイメージトレーニングなんていうご大層なものじゃないが、結果的にイメージトレーニングと似たような効果があったと思う。

その方法とは、なんのことはない、自分が将来「ロックで独立」してバンドで大活躍しているイメージを、ただマンガに描くことだ。そう、またマンガだ。〈オールナイト・ニッポン〉に送りつけたのも、たぶんそのうちの一冊だろう。

そのマンガは、今思えば、実に他愛もないガキの落書きみたいなマンガだった。そのマンガの中のバンドは、そう、ほとんど五人になってからのRCサクセションそのものだったな。で、人気がありすぎて困ってる……と、まるで『ア・ハード・デイズ・ナイト』のビートルズ。そして、やっぱりビートルズのアップルみたいに、自分たちのレコード会社も設立して、好きなように音楽活動をしてるんだ。当時『ミュージック・ライフ』って雑誌に「ジョン・レノンの収入が何千万で、リンゴ・スターが一番安くて」なんていう記事が載ってた。だからそれをマネして「オレの収入は三億円でリンコさん（小林和生）は三万円」とか、そんなムチャクチャなマンガを描いてたんだ。

まあ、現実にプロになってみたら、オレもリンコさんもみんな月給三万円で「こんなはずじゃなかった」になるんだけど、とにかく自分がどんなバンドをやって、どんな音楽をやって、どんな生活をしてるのかっていう、とりあえず理想のイメージを、マンガにでもなんでもハッキリと描けるっていうのは、けっこう大事なことなんじゃないかな。

つまり「具体的に夢を描ける」っていうことだ。「女にモテて贅沢三昧《ぜいたくざんまい》」みたいなボンヤリとしたなんとなくの抽象的イメージじゃなくて、ハッキリと絵にできる具体的な物語としてね。本気でやりたいことなら、描けるはずだと思う。

一度、キミも試してみるといい。

自分の声なんか大嫌いだった

でもやっぱり、なんだかんだ言ったって「ロックで独立」するために一番肝心なことは、まず「自分の才能を信じる」ことだ。それがなければ、何も始まらないわけだから。

ただ問題は「才能とは何か?」だ。何をもって「才能がある」と信じられるのか?

そもそもオレに音楽の才能なんてあったのかな?　音楽の授業なんかすごい苦手だったし、歌のテストなんか全然ダメだった。うまく歌えたことなんか、一度もない。

はっきり言って歌の才能なんかまるでないと思ってたんだ。

それ以前に、まず自分の声が嫌いだった。まあ、自分の声なんてよくわからなかったけど、たとえば学校でみんなでギャーギャー騒いでても、なぜかオレだけ目立っちゃうんだ。

で、いつもオレだけが怒られる。声のせいでね。だから子供の頃から、声にまつわるいい思い出なんか、ひとつもなかった。

小学校の頃、隣のおニイさんがオープンリールのテープレコーダーを持ってた。そのテレコで生まれて初めて録音した自分の声を聞いて、ギョッとしたよ。こりゃあまりにひどい声だ。他人と全然違う。目立って当たり前だ、ってね。まあ、当時の旧式テレコは音質が悪かったせいもあるかもしれないけど、それにしてもショックだったね。それ以来、自分の声はひどいんだ、と思い込んでた。

でもジョン・レノンもジミヘンもニール・ヤングなんかも、実は同じだったんだって、後で知った。彼らもみんな自分の声はひどいと思ってたんだ。ジョン・レノンなんて、ビートルズをやり始めてからもずっと自分の声が大嫌いで、ポール・マッカートニーの声にコンプレックスを抱き続けてたらしい。自分の声こそがビートルズのパワーの源だったのにね。そんなものなんだ、才能なんて。

でも、ポップスやフォークソングが流行りだして、そっちを歌ってみると、今度は全然オッケーなんですごく嬉しかった。コンプレックスが消えちゃった。それどころか、今度はむしろこの声が「個性」になって「武器」になっていくんだから、人生なんてわかんないもんだ。

ギターを手に入れてベンチャーズの『パイプライン』を初めてコピーしたんだけど、出だしのツクツクツクツク……ってところが、なんか他のヤツらと違うなと思った。あれは当時みんながコピーしてた。でも、「他のヤツらのは猿マネだけど、オレのだけはホンモノじゃん」って密《ひそ》かに思ってた。「自分には才能があるんじゃないか」って最初に思い込んだ瞬間は、あれだったかもしれない。そんなものなんだ、才能なんて。

でも、今って、才能も個性もいくらでも演出できちゃう時代だから、自分の才能や個性をほんとに発見するのは、けっこう面倒なことなのかもしれない。

「有名になりたい」ならロックは面倒くさい

さて、ここに一枚の紙切れがある。こんなことが書いてある。——

ⓐ有名になりたかった。
ⓑ金持ちになりたかった。
ⓒ女にモテたかった。
ⓓ世間や周囲を見返してやりたかった。
ⓔどうしても歌いたいことがたくさんあった。
ⓕ完成度が高くてかっこいいレコードがつくりたかった。
ⓖ大観衆の前で演奏するのは気持ちいいと思った。
ⓗ売れても売れなくてもとにかくロック的な生き方をしたかった。
ⓘ他にやれそうなことが思いつかなかった。
ⓙロックでもやってないと犯罪者になりそうだった。

この一〇項目のリストで、自分がロック・ミュージシャンを志して、売れない時期でも初志を貫徹できた動機として、一番大きかったものから順番をつけてくれ、って山崎が言うんだよ。まあ、あいつのことだからほんのお遊びか冗談のつもりなんだろうが（構成者註：私は一〇〇％マジメである）、まともに答えようとすると、けっこう難問だね。自分でもよくわかんないんだ。

ⓐ～ⓒは、ポッと出で売れちゃった若手がいかにも言いそうなセリフだな。特にⓒあたり。

ホントかウソか照れ隠しか開き直りか挑発かウケ狙いかよくわからないけど、そういうこと聞くとなんかむかつくんだよな。ホントでもウソでも、あまりに芸がなさすぎやしないか。

ホントに正直に答えれば、やっぱり一番はⓗになっちゃうんだろうな。

「あまりにまともすぎる」とか「時代錯誤だ」とか言われそうだけど、他の項目なら別にそれがロックじゃなくてもかまわないけど、ⓗだけはロック・ミュージシャンでしか得られないものじゃないか。ロック・ミュージシャンをやめて「それよりロック的な生き方をする」ってのは、かなり難しいと思う。つまり、初志貫徹のための一番強い動機になりうるのは、やっぱりこれってことになる。これがなきゃやってこれなかったと思う。これ以外の項目は、別にロックじゃなくたって実現できるものなんじゃないかな。

金持ちになりたきゃ、他にもっと確実な道がある。女にモテたきゃ、キャバクラへ行ったっていい。どうせミュージシャンのモテ方だって似たようなもんなんだから。

周囲を見返してやりたいって気持ちは、少しはあったな。「歌いたいこと」っていうより「歌いたい気持ち」は確かに強かったな。ステージやレコードはもちろん大事だけど、それ自体にそんなに執着があるわけじゃない。有名になりたいなんてのは、動機としては全然……いや、全然とは言えないけど、あんまりなかった。

有名になることが目標なら、今はミュージシャンはけっこうキツい手段だと思う。なにしろ一〇〇万枚売れて音楽ファンの間では有名でも、一般的な知名度の低いミュージシャンなんていっぱいいるんだから。あんまり「有名」とは言えない。手っ取り早く有名になりたいんだったら、今は人殺しでもする方がよっぽど簡単になっちゃったからね。愛知の主婦殺しの少年も、確か「人生の目標」が仙人になって不老不死の薬をつくる、人を殺す、あとは忘れたけど、とにかく三つあって、結局「一番簡単なこと」を選んだっていうじゃないか。有名になりたくてミュージシャンを目指すなんて、確かに彼にとっちゃバカバカしいだろうねえ……。

ロックはスポーツより長寿の仕事？

それにしても、昔に比べてつくづくいい時代になったと思える理由が、ひとつだけあるとすれば、それは「五〇を過ぎてもロックし続けてよくなった」ことだろうね。ロックでもブルースでもR&Bでも、とにかく一生の仕事にできるってんだから、すごいよ。もちろんこの世界に飛び込んだ時、将来のことや老後のことまで考えたことなんかなかったけど。なにしろ「三〇過ぎたら真っ暗闇《くらやみ》で何もない」と思ってたんだから。老後のことなんか考えてたら「ロックで独立」もクソもない。

中日ドラゴンズにいた川又米利《かわまたよねとし》選手は、三六歳で突然、球団からクビを通告されるまで、その後の生活のことなんて何も考えてなかったそうだ。で、球団からなんとか地元局の野球解説者の仕事を世話してもらって、解説者の学校みたいなところに何ヵ月か通ってたんだって。それでもスポーツ選手としては、恵まれてるほうなのかもしれない。

いつの間にか、スポーツ選手よりもロック・ミュージシャンの方が寿命の長い職業になってたりするんだから、まったく世の中も人生もわからないもんだ。

第三章

バンドマンの夢と現実

さて、この章では、いよいよRCサクセション結成からメンバー脱退までの実体験をもとに、キミたちに「バンド」という不思議な生き物の正体をレクチャーしていこう。

なぜ「バンドマン」なのか？

「ミュージシャン」とか「アーティスト」とかいう肩書きが、どうしても好きになれない。少なくとも自分はそう名乗りたくない。これまでずっと自分は「バンドマン」だと思ってきた。実際、そう名乗ってきた。自分が「バンドマン」以外の何者かだと思ったことは、一度だってない。自分は常にバンドのメンバーとして活動を続けてきたし、バンド以外の形で音楽をやりたいと思ったこともなかった。きっとこれからも、ずっとそうであり続けるはずだ。

前章で、デビュー前の高校時代に自分の夢をマンガに描いた、という話をしたっけ。キミも憶《おぼ》えていると思う。そのマンガの中でも、自分は「バンドマン」だった。ソロ・アーティストでもシンガー・ソングライターでもなく、あるひとつのバンドのメンバーだったんだ。つまり単に「ロックでメシが食いたい」でも「音楽でメジャーになりたい」でもなく、自分の夢は「バンドマンでありたい」だったわけだ。

いま思えば、これは決定的なことだった。

何を大げさな……と、キミは思うかもしれないから、具体的に説明しよう。

「ソロ志向」と「バンド志向」

当時、つまり六〇年代末の日本のポップミュージック・シーンは、フォークの全盛期だった。ギター一本さえあれば、だれもがポップな表現者になることができた。実際、岡林信康、高石友也、中川五郎、高田渡といった連中が、「ギター一本サラシに巻いて」ソロ・アーティストとして一世を風靡《ふうび》していた。当時、フォークを、いや音楽を志す少年たちも、むしろ「ソロ志向」の方が強かったはずだ。

つまり単にミュージシャン／アーティストになりたいのなら、たった一人でも、いやむしろたった一人の方が、よっぽど手っ取り早かった。「バンド」なんてめんどくさいものは、なくたってよかった。

でも、自分はミュージシャンだのアーティストだのよりも、まず真っ先に「バンドマン」になりたかったんだ。「バンド」が必要だった。つまり「最初からバンド志向」

だったというわけだ。

もちろん中には「バンドを手段にした実はソロ志向」のやつもいるだろうから一概には言えないが、「ソロ志向」と「バンド志向」とでは、住む世界も目指す世界もまるで違うと言っても過言じゃないと思う。

バンドにおける「偶然と必然」

ここまでは、あくまでも《個人》の問題を扱っていたわけだが、ここからは《個人》を超えた問題を扱ってみよう。そう、ようするにバンド内の人間関係だ（もちろんこの世界には、さらに厄介な「バンド外の人間関係」もある。それは次章以降のお楽しみだ）。

自分がバンドを志向したのはなぜかと訊《き》かれても、それは「バンドマンになりたかったからだ」としか答えようがない。もちろん自分がやりたい音楽のために、どうしても「バンドという形」が必要だった、という理由はあるだろう。一人よりも三人、四人の方がいざという時に心強い、という気持ちだってあったと思う。でも、そんな戦略や方法論の以前に、もっとわけのわからない偶然の作用でバンドができ上がってしまうことの方が、実は多いんじゃないだろうか。バンドができ上がる「偶然と必然」は、それほど単純なものではない。

たとえば、いまにして思えば、ジョン・レノンとポール・マッカートニーとジョージ・ハリスンとリンゴ・スターが、たまたま同じ町のしかもすぐ近所に生まれ育ったことは、不思議な運命の巡り合わせとしか説明できない気がする。ほとんど神秘的とさえ思える。彼らのバンドは、外部の意思やオーディションや「メンバー募集」で人工的に作られたんじゃなく、ほとんど偶然が自然発生的に作り上げたんだ。もちろん本人たちの意思がなけりゃ、あのバンドは永久に生まれなかった。でも、それ以前に、ほぼ同年代の彼らが、同時に同じ場所にいたことは「誰の意思でもない」んだよ。よくよく考えたら、これはすごいことなんじゃないか？

バンドにおける「地縁と派閥」

でも、バンドというのは——当時のバンドは特に——そういう不思議なものなんだ。

RCサクセションだって同じだった。あのバンドも「地縁」から生まれたんだ。バンドができる前から、忌野清志郎とリンコさん（小林和生）と破廉《はれん》ケンチの人間関係があったんだ。もちろん音楽という共通項を介した人間関係だけど。同じような音楽が好きな同士が、自然にくっついた。

当時はロックやらボブ・ディランやらを聴いてるやつは、実はクラスに数人しかいなかった時代だ。それでも「類は友を呼ぶ」で、オレのまわりにもバンドをやってる高校生は、けっこういたんだ。家のすぐ近所にも、バンドやってる仲良しの友人がいた。でも、そいつとバンドをやりたいとは思わなかった。なぜなのかはよくわからないんだが、絶対こいつとはやらないだろうということだけはわかるんだ。気も合うし趣味も合うのに。不思議なことにね。

もちろんバンドの「派閥」はいろいろあった。ロック系、ベンチャーズみたいなインストゥルメンタル系、それにフォーク系……。

自分たちが形式的にフォーク系を選んだのは、経済的・物理的な要因ももちろんあった。たとえ機材を揃《そろ》えられても、アンプやらドラムセットやらの運搬でえらい騒ぎになっちゃうのもなんだかイヤだったし。

でも、当時は少なくともあのスタイルがカッコイイ時代だった。「全員がリードギター」で力任せの大音響出してるやつらより、なんとなくリコウそうなイメージもあった。それが一番大きな要因だったかもしれない。フォーク・クルセダーズとか、その元メンバーだったはしだのりひことシューベルツとか、生ギターとウッドベースのアコースティック・バンドが、ヒットチャートを賑《にぎ》わしてた時代でもあったし。もちろんああいう音楽をやりたいとは思わなかったにしても、だ。前章でも話した通り、自分がマンガに描いた「バンド」は、あくまでも八〇年代以後のRCや今のバンドのイメージだったから。

信じられるのは自分の耳だけ

最初に買ったギターは、いま思えば実に奇妙なシロモノだった。立川の尾崎楽器って店の三〇〇〇円のガットギターなんだが、全部鉄弦が張ってあった。それにプラスチックの下敷きを切って貼《は》ったんだ。なんのためにかって？　そりゃピックガードさ。そのギターにはなぜピックガードがないのか、その頃はまったく理解できなかったんだ。フォークギターじゃなくてガットギターなんだから、そりゃ当たり前なのにね。当時はヤマハやモーリスのフォークギターだって、中学生には高嶺《たかね》の花だった。

もっと悲惨だったのは、ギターが手に入ってもまともな教則本がなかったこと。『荒城の月』なんか弾きたくてギター買ったんじゃねえよ！　だからもっぱら必死でレコードを聴いて、耳でベンチャーズなんかをコピーしてた。ようするに手探り。コードネームさえ知らなかったんだから。

ベンチャーズは楽譜を買ってコピーしようとしたこともあった。楽譜はなんとか読めたんだ。小学校の四、五年ぐらいから中学三年ぐらいまで、ずっと音楽の成績は「1」だった。で、母親が見るにみかねて、近所のピアノ教室に「せめて譜面だけでも読めるようにしてくれ」って通わされたんだ。リンコさんと二人でね。そう、ここでもリンコさんといっしょ。ピアノはやらなかったけど、いわゆる『楽典』だけ教わった。そうしたら、なんだ簡単じゃんってわけで、いきなり譜面が読めるようになって、音楽の成績も「3」にアップした。もっとも楽譜が読めることが、その後の実際のバンド活動に役立ったかといえば、かなり怪しい。はっきり言って「楽譜が読めてよかった」と思ったことは、あんまり記憶にない。

そのベンチャーズの楽譜ってやつも、どうもいまいち信用できないシロモノだった。いまみたいな完全採譜のスコア本じゃなくて、なんだかいいかげんな楽譜なんだ。その通りに弾いても、ちっとも本物らしくならない。結局、信じられるのは自分の耳だけ。結果的に、それは正解だったと思う。キミもあまり楽譜に頼ったりせずに、自分の耳だけを信じるべきだ。

それとやっぱり友達との情報交換。「あの曲のあそこんとこのコードはこうなんだ」とか「あれはこういう弾き方なんだ」とか、直接教え合うのが一番信頼できる。その意味でもバンドはありがたい。メンバー同士ですぐに情報交換ができるから。ちなみに当時のメンバーの中では、ギターは破廉ケンチが一番うまかった。

わがバンド・アディクションの日々

最初に「バンド」として人前で演奏したのは一九六七年、まだ高校一年の時だった。場所は新宿のフォーク喫茶。その時のメンバーは、オレとリンコさんと、もう一人は破廉ケンチじゃなくて武田さんという中学の先輩。つまりリンコさんとの「バンド関係」は、結局それから二五年間、四半世紀も続くことになる。まあ、ストーンズほどじゃないが。

そのフォーク喫茶というのは、やっぱりバンドやってた中学の先輩の知り合いの店で、ライブハウスとは程遠いとんでもなく狭苦しい場所だった。メンバーが三人もいたら入りきらないようなステージで。十数人の聴衆は知り合いばかりだったが、それでもものすごく緊張した。なにしろ初体験だから。

でも、当時からどんなに曲の完成度が低くても、とにかくオリジナルしか演奏しなかった。そういう志向だけはすごく強かったんだ。その後もあちこちで「バンド活動」を続けるわけだけど、そうやって場数を踏むごとにバンドにハマっていった。とにかく気分がハイだった。ほとんど電車で移動していたんだけど、帰りの電車で三人で盛り上がっちゃって「素晴らしい！」とか自画自賛してた。「バンドマン」を一生やり続けたいと思い始めたのは、まさしくあの頃だった。

ミュージシャンやソングライターとして自分の音楽を聴いてもらえる喜びよりも、まずバンドマンであることの喜びを体験してしまった。前に「決定的なことだった」と言ったのは、つまりこういうことなんだ。

個人と共同体＝バンドとの関係がどうたらこうたらとか、ややこしいことを考えたり、「バンドであること」のメリットやデメリットについて考えたりする前に、自分はすでに身も心もバンドマンだった。

リーダーなんか必要なかった

だからRCも「さあ、バンドやるぞ」と勇んで結成したわけじゃなく、気がついたらもういつの間にか「あった」というくらい自然発生的に生まれたんだ。別にだれが言い出しっぺだったとか、だれがリーダーシップを取ってたとか、そういうものじゃなかった。

たまたまリードボーカルが目立ってたかもしれないが、オレがこのバンドのリーダーだとか、イニシアティブを握ってやろうとか考えたことはなかった。

メンバー全員が対等で公平だったから、だれがベースを担当するか、もちろん例によってジャンケンで決めた。そう、幸いなことに、負けたのはリンコさんだった。もしも自分が負けてたら？　もちろん即座にバンドを脱退するつもりだった。

なにしろベースといっても、バカでかいウッドベースだったから。そう、コントラバスだ。もっともあんなバカでかいものを、リンコさん一人に運ばせるほど我々も人でなしじゃなかった。あくまでも対等で公平なバンドだからね。で、交替で二人ずつで運んでいたんだが、二人でもえらく大変だった。なにしろ電車に乗る時は、ウッドベース専用の別料金の切符を買わなきゃならない。その特殊な切符の売場が、駅によってはものすごく遠い場所にあるんだ。だからそれをリンコさんが買いに行ってる間、残りの二人はずっとベースの見張り番。これがいちいち面倒だった。それにしてもリンコさんも、よくもまあ、あんなものを買ったと思うよ。

個性は欠陥から生まれる

メンバーが三人というのには、特に深い意味があったわけじゃない。別に人数にはこだわりはなかった。でも、グループ内で意見が合わなくなった時は、三人だとけっこう便利だったかもしれない。一応、多数決で決められるし、メンバー同士が対立した時にも残りの一人が仲裁できるし。

もちろんドラムは欲しかった。でも、当時はドラマーが極端に人材難だった。これは三多摩地区でもリバプールでも同じだけどね。ドラムってのは親がある程度の金持ちじゃないと、なかなかできない。ドラムセットは高いし、住宅事情もあるし。

でも結局、強力なリズムセクション不在をギターで補うしかなかったからこそ、RC独特のパーカッシブなギターサウンドができ上がったんだから、結果オーライだったけどね。個性というのは、ようするにある種の欠陥から生まれるもんだから。

楽器については、もうひとつ知られざるエピソードがあった。

実はけっこう早い時期に、エレキギターを手に入れてたんだ。例の「下敷き貼り鉄弦ガット」のすぐ後くらいに。どうやって手に入れたかというと、エレキギターを持ってたある女からちょっと貸してもらって、そのままにしちゃった……と、まあ「女ダマくらかして盗んだ」と言う方がわかりやすい。当時はバンドをやるためなら、それくらいのことは許される時代だった（構成者註：あまり信じないように）。

わがオーディション荒らしの日々

ＲＣを結成した後、夏休みや春休みになると、テレビやらラジオやらのオーディションがたくさんあって、いちいちオーディション荒らしをしていた。当時はアマチュアのフォーク番組みたいなのがたくさんあったんだ。アマチュアバンドの登龍門《とうりゅうもん》といえば、当時はそういう番組だけだった。もちろんオーディションに合格しなけりゃ番組に出られない。

そんな時のバンドの窓口というかマネージャーみたいな役をやってたのは、主に破廉ケンチだった。メディア側から見れば、彼がリーダーに見えることもあったかもしれない。でも、彼も単なる連絡係だった。なんとなくそういう役に向いてたんだろう。わりと大人っぽくて几帳面《きちょうめん》だし。

で、バンドのオーディションの結果を彼が受けて、他のメンバーに連絡してくる。

けっこう不合格のケースも多かった。自分たちの才能に過剰な自信があったから、とても信じられない。で、彼が残りの二人の不満と不信の標的になっちゃうわけだ。「そんなはずあるか！」「おまえウソついてるだろ！」って。ウソつく理由もないのに、ただの八つ当たり。外からはあしらわれ中からは突き上げられで、一番ソンな役回りだったかもしれない。

六九年にＴＢＳの朝の人気テレビ番組〈ヤング７２０〉に出演したのも、オーディションに合格したから。あれはけっこう大きかったと思う。プロのバンドとしてやっていく決意を固めるうえでね。テレビで認知されちゃったら、もう後には退《ひ》けない気分になんとなくなったから。あの番組の司会をやってたのは、元フォークル（フォーク・クルセダーズ）の北山修さんだった。今は精神科医だけどね。そういえば、ＲＣもデビュー当時は「第二のフォークル」なんて呼ばれたこともあったっけ。どのバンドやグループにも似てるはずがなかったから、すごく迷惑だったけどね。

ギャラは公平に三等分

そういう公の場でも、だれがリーダー役を演じるとか、なんとなく威張ってるとかいうことは、なかったと思う。司会者とのやりとりも、別にだれが代表でということもなかった。なにしろメンバー全員がしゃべりは苦手だったから。うちの親にも「あんなしゃべりじゃダメだ」ってよく言われてた。ステージのＭＣでならムチャクチャやれるのに、なぜかラジオやテレビでは全然ダメなんだ。たぶんステージのＭＣは、あれは演奏の一変形なんだろう。

特にだれがリーダー役でもなく、平等で三位一体のバンドだった証拠に、というのも変だが、ＲＣとしてデビューしてプロのバンド活動を始めてからも、ギャラは公平に三等分してた。そう、きっちり山分け。

キミはおそらく忌野清志郎の取り分が一番多かったと思っていただろうけど、どんな仕事も平等に三等分だったんだ。それは別に時代とは関係なかった。平等主義とか原始共産制とかは関係なかった。ただ単に「バンドとはそういうものだ」と思っていただけなんだと思う。

え？　前の話と矛盾する？　確かおまえは自分の夢を描いたマンガの中では「自分のギャラが三億でリンコさんは三万」とか書いてたはずじゃないかって？　あれはあくまでも自分の勝手な夢さ。夢と現実は違うんだ。

そう、夢と現実はまったく違ってた。それこそ夢と現実ほどのギャップがあった。

「夢なんか簡単に実現するさ」

ラジオやテレビに出演して、一部ではけっこう名を知られ始めたとはいえ、なにしろ高校生バンドだ。しかも音楽業界が、まだ海のものとも山のものとも知れなかった時代の。だから自分たちの夢なんか簡単に実現するさと、すっかり思い込んでいる。気楽なものさ。

六九年の夏休み。東芝音楽工業主催のアマチュア・フォークフェスティバルのオーディションに合格して、いよいよデビュー。と、そういうことになっても「オレたちなら当然だ」くらいに思っていた。別に「わあ、デビューできるんだ！」と有頂天になったりもしなかった。なにしろ「自分たちの夢なんか簡単に実現するさ」と信じ込んでいるわけだから。

そして冬休み。渋谷公会堂でのそのフェスティバルで演奏したら、ファンハウスの社長からレコーディングのオファーが来た。あれよあれよという間にトントン拍子でレコード・デビュー。「なんだか話がうますぎる。後が怖いんじゃないのか？」なんてことは、つゆとも思わない。自分たちならそんなものだろう、くらいに思っている。

でも、デビュー盤の『宝くじは買わない』を自分の耳で初めて聴いた時、最初の「夢と現実のギャップ」を体験することになった。

とにかくレコードから流れてきた音は、まさしく「こんなはずじゃなかった」な音だった。「オレたちはこんなにカッコ悪い音楽を演《や》ってた覚えはない」と。

最初、東芝のお抱えアレンジャーみたいな人が勝手にアレンジして、一方的に「さあ、これで歌え」って話になった。でも、そんな「なんじゃこりゃ?」なアレンジじゃ歌えない、って拒否したんだ。生ぬるいストリングスなんかが入ってて、一応「シユーベルツ路線」だったらしいんだけど。で、まあ、確かにナマイキ盛りの高校生バンドだから、あちらも「じゃしょうがない」ってわけで、アレンジを変えることになった。

例の〈ヤング720〉のオーディションで知り合った、一歳年上の大学生が初代マネージャーをやってくれてたんだが、彼もジャズ・ミュージシャン志望のベーシストだった。その彼がメンバーを集めてきて、もう一度アレンジを変えてレコーディングし直した。でも、所詮《しょせん》はジャズ畑の人たちだから、少しはマシになったとはいえ、やっぱり根本的には「こんなはずじゃなかった」に変わりはなかった。ノリが根本的に違っている。

いまじゃ信じられないかもしれないが、当時のスタジオ・ミュージシャンというのは基本的にジャズ畑の人ばっかりで、エイトビートのロック系ポップスのバックでさえジャズの人たちが演ってた。まだそういう時代だったんだ。ポンタとか田中清司とかの本物のロックのドラムが叩《たた》けるスタジオ・ミュージシャンが主流になるのは、まだそれから数年後のことだった。

まだ日本の音楽業界のレコーディング現場の現実なんて、まったく知らなかったから、かなりのカルチャーショックだった。なにしろライブの方がずっとカッコイイんだから。いまはまた別の意味で、ナマ演奏とレコーディングとのギャップが広がってるけど、当時のそれは想像以上のものだ。「レコーディングというものは、なかなか自分たちにはままならぬものらしい」という過酷な現実をいきなり突きつけられた格好だった。まあ、担当ディレクターがザ・リガニーズの人だって知った時から、なんだかイヤな予感はしていたんだけど。

「夢と現実」の桁《けた》違いのギャップ

でも、「経済的な現実」に比べたら、そんな「音楽的な現実」などものの数じゃなかった。いま思えばとんだお笑いぐさだが、当時、プロになってしかも『ぼくの好きな先生』くらいのヒットを飛ばせば、それこそ左うちわで暮らせるとばかり思ってた。そう、月給は一〇〇万円くらいで。メンバー同士でもいろいろな〝夢の皮算用〟をしていて「自分たちのレコード会社とレーベルを作って自由奔放な音楽をやろう」「ビートルズができたんだからオレたちにできないはずがない」（構成者註：「ビートルズでさえ失敗した」というのが正しい認識だろう）とか、でかいことばかり言い合っていた。もっとも、その夢は（吉田）拓郎や（井上）陽水たちがフォーライフをつくった段階で、捨てちゃったけど。

ところがどっこい、現実はとんでもねえ。全員が月給三万円だぜ、三万円！　例のマンガの中でリンコさんがもらってた月給と同じだ（オレは三億円）。三〇年前の相場だとしたって三万円は三万円だ。天下のホリプロと契約して、いきなりスマッシュヒット飛ばして、月給三万円。それを知った時は「理解ある」親もさすがに愕然《がくぜん》としていた。夢は夢でも、こいつは悪夢だ。

これは自分でもバンド内でも、まったく想定しなかった事態だった。メンバーの中には「夢みたいな話ばっかりしてないで現実をわきまえろ」なんてことを言うやつは、もちろん一人もいやしなかった。メンバー同士が互いの幻想を増幅し合って、幻想が三倍にも三乗にも膨らんでいた。似た者同士のバンドにおける弱みは、まさにここにある。

でも、その一方で、たとえ三万円が現実だとしても、やっぱりそう簡単に夢から、いや現実から逃げるわけにゃいかない。「月収三万円だったらどうするか？」という予定は、例のマンガにも描かれていなかったにしても、だったらとにかく覚悟を決めてやれるところまでやってみよう……みたいなことになった。そもそも、いまさら他に何ができるというアテもなかった。似た者同士のバンドにおける強みは、まさにここにある。

もしもバンドじゃなくソロでやっていたら、そういう決断にはならなかったかもしれない。「バカバカしくてやってらんねえ」になっていたかもしれない。ところが、バンドだったから「バカバカしいけどやってみよう」になってしまった。

それもこれも、自分たちが「バンドをやることそのものが好きだった」からなんだと思う。

まったく売れなくなってからも、とにかく「バンドとして人前で自分たちの歌を歌える」のである限り、どんな仕事も楽しむことができた。スキー場のハコバン、デパート屋上のビアホールの余興ステージ、かつて自分たちが前座に使ったミュージシャンの前座……。不思議とミジメな気分にはならなかった。これは「みんなで渡れば」的な心理とは違う。いや、少しはあったか？　とにかく自分たちがバンドである限り「悪いことばかりはありゃしない」って気持ちになれたんだ。屋上ビアホールで普段のライブの調子で演ってたら、いきなり客席から下駄が飛んでこようとも、だ。

同じ曲で同じ構成で同じようなステージをやっても、その日の客層や天気やその他モロモロの要因で客席のリアクションが全然違うんだなあ……なんてことを実践的に勉強するには、なかなかいい機会だったしね。

業界側に都合のいい「迷信」

それにしても、シングルデビューしてアルバムデビューして、しかも全曲オリジナルで、おまけにシングルカットされた曲がかなりヒットして……となれば、印税もドカドカ入ってくると思うだろう、普通。ところが、まったくそうならなかった。

当時は「ロックやフォークは金銭勘定なんかしちゃいけない」という変なダンディズム（?）があった。それはいま思えば、ミュージシャンを搾取《さくしゅ》する業界側に都合のいい迷信みたいなものだったのだが、オレたちはまんまとそれを信じ込まされ続けていた。確定申告というものの存在さえ、業界の人間はだれも教えちゃくれなかった。それを初めて教えてくれたのは、破廉ケンチの親父さんだった。元税務署員の税理士でね。

「カネにルーズな方がカッコイイのだ」と本気で思ってた。売れてるのに収入も生活もちっとも向上しないことを、さほど不思議とも思わなかった。いま思うと、不思議に思わないことこそ不思議だけど。まあ、ネタを明かせばなんのこたあない、ようするにマネージャーにピンハネされてたってわけだ。あの大学生の初代マネージャーじゃなくて、その後の二代目のね。例の『ボスしけてるぜ』のあの人さ。

なにしろ右も左もわからない三バカ高校生が、いきなり百鬼夜行の世界に足を踏み入れたわけだから、赤子の手をひねるようなものだったろう。まあ、こういう話は次の《業界編》のお楽しみにとっておこう。

バンドの最初の危機

さて、問題はバンドだ。

ちっともカネは入ってこないものの、曲がりなりにもデビューしたとたんヒット曲が出せれば、バンドとしてはそれなりの「成功」だと思っていたはずなのに、どうも素直に喜べなかった。『ぼくの好きな先生』っていう曲は、やっぱりRCの音楽の中ではちょっとハズれたところにある曲だった。正攻法じゃないイロモノ的な。何かの間違いでヒットしちゃった、という違和感がぬぐえなかった。まあ、確かに贅沢《ぜいたく》なんだが、なまじああいう曲が一発当たっちゃうと、そのイメージをずっとひきずらされそうな気もして……。

だからバンドを続ける気にもなれたのかもしれない。いつかこのイメージを払拭《ふっしょく》してやらなきゃってね。いつまでも歌わされるのはイヤだからこそ続けるっていう、そんな気持ち。

でも、とうとうバンドに危機が訪れた。

あれは七六年、『シングル・マン』のレコーディングが終わった頃のことだった。あのアルバムは、いよいよホリプロとおさらばしちゃって、それと同時に出してやろう、と思って作ったアルバムだったんだ。マネージャーにも内緒の「極秘」レコーディング。

でも、「契約が切れた後一年間はレコードが出せない」っていう契約条項があって、あのアルバムは宙に浮いてしまった。半ばオクラ入り。飼い殺しに近い状態で仕事もなく、おまけにレコードも出せない「籠《かご》の鳥」状態——あの一年間のブランクは本当にキツかった。バンドとしての活動ができるなら、まだなんとかやっていけるけど、バンド活動もままならなくなってたから。

その間にメンバー同士で、今後のバンド活動について話し合ったりもしてたんだ。『シングル・マン』の音が、星勝のアレンジであいう分厚いサウンドだったし、これからのバンドの方向性をもう一度再確認する必要に迫られてた。ようするに「アコースティックからエレクトリックなバンドに、ここいらで脱皮すべき時なんじゃないか」ってことだった。変わるならちゃんと変わろう、と。

メンバー脱退の真相

で、そこでメンバー間に微妙なズレというか軋《きし》みが生じてきた。破廉ケンチが悩み始めたんだ。それまでのRCサウンドは、彼の独創的なアコギ（アコースティック・ギター）のリードがひとつのウリだったから。それをエレキに移行して、はたして彼のギターの個性を活かし続けることができるのか？

安の定、彼にとってはかなりの精神的負担だったらしい。相当参ってた。なにしろ彼のアコギの演奏スタイルは、ガッチリ確立しちゃってたから。ある日、彼が「じっくり一人で練習したいから半年間休ませてくれ」と休養宣言した。

前々から「これ以上続けていくのは彼にはもう無理なんじゃないか？　むしろ辞めたほうがいいんじゃないか？」と薄々感じていたんだ。時期的にもつらい時期だったし。

結局、一度だけ復帰したんだけど、やっぱり挫折《ざせつ》しちゃって。それから二度とバンドに戻らなかった。いくらそれまではうまくいってても、やっぱり三人いっしょにヘアピンカーブを曲がるのは難しい。結局、あれがバンドの最大のターニング・ポイントだった。

バンドを始めた頃、例の〝ボス〟に「バンドの危機はカネと女がもたらす」とかいう忠告を受けたものだったが、そのどちらでもなく、あくまでも音楽的・バンド的な問題だったことがせめてもの慰めだったかな。

バンドは生き物である

バンドというのは一種の生き物だし、音楽はナマモノだから「なんとなく不協和音が出始めたな」とか「だれかが何かを我慢してる」とか「煮詰まってきた」とかいうデリケートな問題が、すぐに形にというより音に出てきてしまうんだ。みんな敏感にそれを感じ取りながら、それを口に出すとすべてが崩壊しそうで怖くて、なかなか言い出せなかったりもする。だからマネージャーを媒介に使って間接話法で話したり、それもできずに派閥に分かれて「冷戦状態」になってしまうこともある。

確かにメンバー間のお互いの関係がうまくいっている時は、あ・うんの呼吸や暗黙の了解でもいいのだろう。でも、関係が揺らぎ始めるとなかなか同じようにはいかない。それどころか、それまでの関係が仇《あだ》になってますます泥沼化してしまうケースも多い。かと言って、それぞれがホンネで自己主張ばかりしていたため、あっという間に空中分解してしまったバンドは星の数ほどある。

どうするのが一番いいかというのは、バンドによってケース・バイ・ケースだろうし、一概には言えない。「個人と共同体」の永遠のジレンマかもしれない。まあ、この話はまた「RC末期」を回想する時に、もう一度蒸し返すことになるかもしれない。

バンドのための「滋養強壮剤」

でも、バンドが生き物だということは、その一方で、ちょっとした刺激や栄養や新陳代謝があれば、たちまち元気になるということでもある。

破廉さん脱退後のバンド存続の危機を、なんとか乗り越えることができた要因も「他力」だった。それも偶然の。

結局、やっぱりオレとリンコさんの二人になって、ドラマーを雇ってシコシコとライブハウスで演ってたある日、そこへ彗星《すいせい》のごとく一人の救世主が現れた。当時、カルメン・マキ&OZで売れっ子になっていたギタリスト、春日博文だった。

まあ、この話は本当に偶然の他力本願なので、キミにはなんの参考にもならないかもしれない。なにしろそこへパーティーの帰りか何かにふらりと立ち寄った、さして面識もなかった売れっ子ギタリストが、RCの現状を目《ま》の当たりにするやいきなり「オレがギター弾いてやる。いいドラマーも付ける」ってわけで、一挙に新生RCの基礎工事をしてくれちゃったんだから。まったく参考にならない話だ。

もちろん彼がRCの正式メンバーになったわけじゃなく、彼はただの「こうすればRCは新しくもっと強力になれる」というサンプルを提示してくれただけだった。でも、それが決定的だったんだ。そんなことが起きたりするから、バンドというのは、この世界というのは面白い。

キミはミュージシャン同士というのは、みんな仲良くツルんだり酒飲んでたりするんだろうと想像しているかもしれないが、実際はそれほど頻繁なつきあいはない。ただ面識はなくても、密《ひそ》かにファンだったりすることは、よくあることだ。この〝奇跡〟は、春日がRCの個人的ファンだったからこそ起こり得たケースだろう。

「才能ある同業者がファンになってくれるようなバンドであること」も、実は強運を呼び込む条件のひとつかもしれない。

「明晰《めいせき》夢」は「正夢」？

高校時代に描いたマンガに出てくる「夢のバンド」に、いよいよ近づいてきた。ちゃんとマンガに描いておいてよかった。「自分がはっきりとイメージできるものは、いつか必ず実現する」という大昔の偉人の言葉は、どうもウソではなかったらしい。

キミも夢があるなら、一度きちんとマンガにでも描いておくといいだろう。ただしはっきりと、だ。

第四章

「業界」からの独立　前編

音楽を演《や》る人と音楽を聴く人。その二種類の人間がいれば音楽は成立する。これが最もシンプルかつ基本的な音楽の世界だ。そう、基本的にはその通りなのだが……。ようするにストリート・ミュージシャンを想像してみればいい。そこにいるのは確かに「音楽を演る人」と「音楽を聴く人」だけだ。もちろんその横を通り過ぎる通行人もいるだろうが、別に彼らはいなくたっていい。人間じゃなくてもいい。背景の一部みたいなものだ。音楽にとってはね。

つまり「オレが演奏してキミが聴く」っていう、基本的に一対一の送り手と受け手の関係がありさえすれば、最も単純で原始的な「音楽ビジネス」が成立するわけだ。ギターケースに小銭を投げ込んだりしてね。もちろんお札の方が嬉《うれ》しいけど。

信じてもらえないかもしれないが、まだアマチュアだった頃のオレは、音楽の世界には「音楽を演る人」と「音楽を聴く人」の二種類の人間しかいないと思っていた。というか、それしかイメージしていなかった。それが音楽の世界のすべてだと思い込んでいたわけだ。

《第三の人間》たち

まさか「音楽を演る人」と「音楽を聴く人」との間に、第三の人間がしかもこんなにうじゃうじゃ蠢《うごめ》いているなんて想像もできなかった。それが音楽業界という魔界だ。ミュージシャンになるということは、単に自分の歌を誰かに聴いてもらうことじゃなくて、その間にごちゃごちゃといっぱい割り込んでくる「音楽業界人」との複雑な人間関係の中で生きるということだった。それまではそれが見えなかった。見えなかった人間が突然目の前にゾロゾロと現れたから、びっくりした。

だってそうだろ。ストリート・ミュージシャンとその聴き手の間に、マネージャーやらプロデューサーやらスタイリストやら広報やら営業やらの有象無象の人間が蠢いている光景を想像してみるといい。そういう世界だったんだよ、音楽業界ってのは。もちろん〈シャボン玉ホリデー〉やら〈ザ・ヒットパレード〉やらの音楽番組のテロップに「制作・渡辺プロダクション」とか出てくるのは、子供の頃から知っていた。でも、その意味を真剣に考えたことなんてなかったし、イメージすることもなかった。

当時のレコード・ジャケットを眺めたって、ミュージシャンの名前とせいぜい作詞・作曲・編曲者の名前しかクレジットされていなかった。今みたいにプロデューサーがだれ、ミキシングがだれ、デジタル・リマスターがだれ、ローディがだれ、ジャケット・デザインがだれ、お茶くみがだれ、なんてことまで逐一書かれちゃいなかった。だから一般人には見えない世界だったわけだ。

その「見えない世界」を初めて垣間見《かいまみ》ることができたのは、たぶんビートルズの映画『ア・ハード・デイズ・ナイト』あたりだったかもしれない。あの映画にはビートルズを取り巻く舞台裏の、いろんな種類の「オトナ」たちが大勢登場していた。みんなスーツ着ててね。マネージャー、プロデューサー、テレビディレクター、マスコミ関係者からポールのお爺《じい》さんまでね。

でも、それをあまり深く考えたりはしなかった。まだ「業界」とか「ロック・ビジネス」とかのはっきりしたイメージがなかったんだろうね。ただ「いろんな登場人物が出てくるな」と思っただけだった。

「音楽業界」との最初の遭遇

それが初めて現実の目の前に現れたのは、たぶん高校時代に〈ヤング720〉っていうテレビ番組のオーディションを受けた時だった。RCサクセションが初めて世に出た若者向けのナマ情報番組で、朝っぱらの七時二〇分にはじまるから「720」。いや、あの頃はとにかくいろんなオーディション受けまくってたから、どのオーディションだったかは正確に覚えてないんだけどね。

とにかくそのオーディションの時、自分たちの前に、何者だかよくわからない正体不明のオトナがいっぱいいて、音楽を聴いているわけだ。「いったいこの人たちはなんなんだろう?」って不思議に思いながらオーディションを受けてた。

で、その人たちがお互いのことを「ディレクター」とか「プロデューサー」とか呼んでたのかな? 音楽業界というよりテレビ業界かもしれないけど、とにかく「聴衆とかファンとかだけじゃなく、こういう人たちにも聴いてもらわなきゃならないのか……」って初めて知ったのは、たぶんその時だったと思う。

「演奏している自分たちとそれを聴く人たち」という単純なイメージしか抱いていなかったのに、どうも現実はもっとややこしいらしい、いろんな人たちと関わらなきゃいけないらしい、しかもそんな中でうまくやっていかなきゃいけないらしい……。自分がイメージしていた世界は、実は氷山の一角にすぎないんであって、水面の下にはもっとイロイロあるらしい……。

とにかくそういう業界的な予備知識は、まったく持ってなかったから。今ならこの業界もビッグビジネスになって情報量も厖大《ぼうだい》だから、小学生だっていっぱしの業界通だったりするんだろうけど、当時はそれこそ右も左もわからない世界だった。

もっとちゃんと知ってたら、もう少しマシなことになってたのに……と思うこともあるけどね。とにかく何もかも自分たちで手探りでやっていくしかなかった。授業料はけっこう高くついたのかもしれない。でも、逆に言えば、だからこそ「ロックで独立したい」という強い意志を持続させることもできたのかもしれない。

マネージャーの意外な効用

とにかく「マネージャー」というのが、いったいどういう仕事をする人なのかも、よくわからなかった。ブライアン・エプスタインとかアラン・クラインとか、そういう腕利《うでき》きのマネージャーがいるとバンドはすごく売れるらしいとか、大きなプロダクションに所属すると仕事がいっぱい来るらしいとか……そういう漠然としたイメージはあるんだけど、それが具体的にどういうことなのかは、さっぱりわからなかった。

さっきの例の〈ヤング720〉のオーディションに出た時に、第一章にも出てきた金田さんっていう大学生が「オレがマネージャーやってやる」って寄ってきた。彼が記念すべき最初のマネージャーだ。いきなりで驚いたが、とにかく「すごいや、マネージャーがついちゃったよ！」って、それだけでもうプロのミュージシャンになったような気分だった。もちろんまだデビュー前だし、マネージャーの意味もよくわかってないのに。野球部のマネージャーくらいしか見たことなかったし。

でも、おかげで周囲の見る目が変わった。ニッポン放送の〈バイタリス・フォーク・ビレッジ〉なんかにマネージャー同伴で出演すると、一緒に出てた山本コータローが「高校生バンドのくせにマネージャーがいるなんて、すごいやつらだ」って驚いてたっけ。とにかく周囲に「すごい」と思わせることが当時のマネージャーの最大の仕事だったかもしれない。高校生バンドに大学生マネージャーだから、なんかバンドごっこみたいな感じではあったけど。

マネージャーの正体

マネージャーの具体的な仕事？　それは一言でいえば「メンバーのあらゆる世話」。人によって内容は違うけど、煙草《たばこ》を買いに行ったりすることまで含めてね。一般にマネージャーと呼ばれてる人は、事務所内では大抵一番の下《した》っ端《ぱ》で、その上にもっと偉いマネージャー、つまり事務所のボスがいる。

でも、バンドのメンバーは当然いつも現場のマネージャーと一緒に行動するわけだから、人間関係も密接になって仲良くなる。マネージャー自身も上からいろんなことをうるさく言われたりこき使われたりするうちに、板挟みになって嫌気がさしてきたりする。そのうちメンバーとも共犯関係や共闘意識ができてきたりして「こんなところからは早く独立したほうがいいよ」みたいな話が必ず出てくる。で、それで独立しちゃうと、今度はそいつが社長の座に収まって、若い下っ端マネージャーが雇われる。するとまた同じことが起きる。「あの社長は何やってんだかわからない」「カネも入ってこないじゃないか」というわけで、新たな独立話が出てくる。

すると今度はそいつが社長になって、現場の上に君臨する。するとまた現場が結託して……。このパターンを延々と繰り返すことになる。歴史は繰り返す、だね。

この業界で「独立騒ぎ」と呼ばれるものは、大抵はそういう構造になってるんだ。売れてくればやっぱり会社組織にしなくちゃ損なようなシステムになってるし、社長になればもうマネージャーっていうより経営者として忙しくなるわけだし……。そういう複雑というか単純なからくりができ上がっちゃってるんだね。

もちろんミュージシャンとマネージャーの関係は、人それぞれだから一概には言えない。たとえば細野（晴臣）さんなんかは、もうコロコロとマネージャーを変えちゃうしね。最近やっと一年続いた人がいたけど、その前は半年ずつ人が変わってた。理由は知らないけどね。そういう主義なのかもしれないし。

オレの場合は歴代の現場マネージャーは全部で八人かな。三〇年で八人。多いのか少ないのかはわからないけど……。

マネージャーとの正しい付き合い方

マネージャーとの付き合い方、距離の取り方っていうのは、やっぱり人間の適性や成熟度やその時の仕事環境やもちろん相手のキャラクターによっても違ってくる。たとえばまだ若くて未熟だった頃は、プライベートな面でもいろいろと世話を焼いてもらったりしてた。それこそ女の世話までね。

でも、今はもちろん一定の距離を置いて公私の区別をするようになった。まあ、いろいろと隠しておいたほうがいいこととか、わかってきたからという面もある。マネージャーに対してあまり無防備すぎると、いろいろとマズイことも起きてくるわけよ。

確かに最初のうちは、ある程度マネージャーの言いなりになるしかないっていう面はある。なにしろ相手の方がたくさんの業界情報を握ってるわけだからね。ミュージシャンに教えたくない、隠しておきたいことだってあるよ。より多くの情報を持っている側が持ってない側を支配できるのは、世の常だから。

でも、そういう、ある意味で便利でラクチンな関係に甘え続けていると、それこそ自分でやるべきことや自分でやったほうがいいことまでできなくなっちゃうからね。「マネージャーから独立する方法」も必要になってくる。熱意ややる気のあるマネージャーほど、うざったい存在になったりもする。かといって、やる気がないのも困るけど、その辺のバランスがなかなかねぇ……。

ベッタリ系とサッパリ系

こんなこともあった。デビューしたての頃、マネージャーのSがいろいろと細かい仕事を取ってきてた。デパートの屋上とかビアガーデンとかスキー場とかのね。で、ある日たまたまオレの友達が主宰するけっこうでかいコンサートから出演依頼がきた。マネージャーを通さずに直接。だから「こんな仕事がきたからキミの手柄にしていいよ」って言うと、Sは小躍りして喜んでた。ある意味で、マネージャーに貸しをつくったようなもんだけど、こういういろんなことを経て、マネージャーとの微妙な関係ができ上がっていくというわけだ。

でも、ミュージシャンに比べると俳優の世界は、マネージャーとの関係がもっとドライでビジネスライクな気がするね。武田（真治）くんなんかはマネージャーとは親しくならないように心掛けてるって言ってた。竹中（直人）のマネージャーも、竹中がいつの間にか帰っちゃってても全然気づかなかったりするからね。「あっ、竹中帰っちゃいました？」とかトボけてて。なんかいいなあって思った。サッパリした関係でうらやましい。ミュージシャンのマネージャーはベッタリ系が多いから。まあ、もちろん仕事の質の違いもあると思うけど。

もちろん「マネージャーとの関係はこうあるべし」っていう業界的な決まりがあるわけじゃない。要は仕事がスムーズにできればいいわけだ。だから音楽業界も、もう少しああいうオトナっぽい関係を見習ってみてもいいんじゃないかな。

マネージャーとの揉《も》めごとは、そりゃいろいろ起きる。「こんな朝っぱらから働かせやがって」とか「なんでこんな仕事取ってくるんだよ」とかのレベルはしょっちゅう。イヤな仕事はしたくないこっちを、なるべく仕事をやらせたいあっちが説得しようとするケースももちろん出てくる。でも、イヤな仕事はどんなに説得されてもイヤだから、結局、あっちが折れることの方が圧倒的に多いけど、そうはいかないケースもある。特にこっちの立場が弱かった昔は、そういうトラブルも多かった。

バンドマン残酷物語

たとえば、こんなひどいこともあった。

昔、肝臓を悪くして健康状態が悪化した時があった。一泊二日の健康診断を受けて「しばらく安静にしていろ」って言われたんだ。ところがそこにツアーの仕事が入ってた。マネージャーは当然「こんな状態じゃ仕事できない」ってキャンセルを申し出たんだが、そこに上から社長が降りてきた。もちろん当時のね。そして、なんとか仕事をさせようと説得工作に出るわけだ。「今やっと売れてきたとこなんだから、ここで休んじゃマズイんだ」「今、ウチの経営状態がどうなってるか知ってるのか?」「僕らだって給料をもらってないんだから」と、グダグダとあの手この手で。

給料もらってないだと? 嘘《うそ》つけ、この野郎! 「給料」っていう名目じゃないだけだろ? あげくの果てに「もう一度検査を受けてこい」って自分の知ってる病院に行かせるんだ。そうしたら今度はなぜか「まあ確かに肝臓弱ってるけど、たいしたことないからツアーはできるよ」なんて言われちゃって。結局ツアー決行。あの時は本気で「ああ、オレは殺されるんだ」って思った。「こんな恐ろしい世界から逃げよう」ってね。かなりマジだった。よくツアーから生きて帰れたと思う。

まあ、さすがにあんなことは二度とないだろう、少なくともオレに関しては。よそではあるかもしれないけど。

イヤな仕事を断る方法

イヤな仕事を断るのは、簡単なようで難しいところがある。人と場合によっては「法外なギャラをふっかける」という常套《じょうとう》手段もある。つまり相手がとても払えない金額を要求して相手をあきらめさせるという、ちょっと姑息《こそく》なやり方だ。でも、これもうまくいくとは限らない。(井上)陽水がやった「お元気ですか〜」っていうクルマのCMは、実はその「失敗」例らしい。ふっかけた金額が通っちゃって、断りきれなくなったというわけだ。まあ、本当にイヤなら最初から断りゃいいだけの話だとも思うんだが……。細野さんあたりも、やりたくない生演奏なんかの仕事がくると、バカ高いギャラをふっかけて断ろうとするんだけど、時々「失敗」もあるらしい。

その仕事が自分のやりたい仕事かやりたくない仕事かっていうのは、それが明らか

あぶない
はいっては
いけません

なケースもあれば微妙なケースもある。最近は事務所の方でも「こういう仕事はやらない」っていうガイドラインみたいなものをつくっているようだが、もちろん自分自身の中にもきちんと判断基準を持っているべきだろう。基本的に、原則として、建前上は、ミュージシャンとプロダクションの関係は対等な契約関係のはずなんだから。

プロダクションとレコード会社の力関係

そして、さらにプロダクションは、ミュージシャンの代理人として、個別にレコード会社と契約するわけだ。キミがミュージシャンを目指しているのなら、まずアプローチすべき場所はレコード会社ではなくプロダクションだろう。

確かにかつては大手レコード会社が音楽業界全体を牛耳っていた時代もあった。でも、今は違う。ある意味で完全に逆転していると言っていいだろう。もちろん個々の立場関係はいろいろだが、とにかくレコード会社というのは、もはや「レコードを作ってるだけの場所」と考えたほうがいい。組織がでかくなって普通のサラリーマンの会社になってるし。

「プロダクション側が脅さなければレコード会社は動かない」というのが常識化して

る。プロダクションの社長がレコード会社のエライさんを怒鳴り飛ばす、なんていう風景が当たり前になってるからね。ウチの社長はやさしいから、そういうことはなかったと思うけど。とにかくプロダクションのイニシアティヴでレコード会社が動く、っていう図式ができ上がっちゃってる。これは八〇年代あたりからの傾向なんだけど、ある意味ではミュージシャン側の発言権が大きくなったとも言えるのかもしれない。プロダクションを簡単に「ミュージシャン側」と呼んでしまうのは問題があるかもしれないけど、少なくとも、一応は、仮にも代理人だからね。

例の『君が代』問題で揉《も》めた時にも、昔からの友人で某プロダクションの社長のMに相談したんだけど、やっぱり「ポリドールはダメよ、脅かさなきゃダメなんだ、あの会社は！」って懇切丁寧なアドバイスをくれた。

あとよくあるレコード会社対策としては、社内に何人か「お友だち」をつくっておく。まあ、メシでも奢《おご》ったりして。そして彼らを情報源にして、会社の上層部の動きや内部事情を、それとなく探ったりするわけだ。え？　スパイ？　そりゃ人聞きが悪い。あくまでもお友だちだよ。もちろん彼らは下っ端にすぎないから、彼らの情報の信憑性《しんぴょうせい》は保証の限りじゃないけどね。

とにかくプロダクションとレコード会社との関係は、今やそういうことになってる。

ミュージシャンのレコード会社移籍問題なんかにしても、そろそろ契約切れが近づくとプロダクションの社長が動き出して、レコード会社側と虚々実々のかけひきをしながら「条件闘争」を始める。まあ、基本的にはメジャーリーグの代理人と同じだね。

レコード会社の困った現状

オレもいろんなレコード会社を遍歴してきたけど、結局どこも同じようなもんだった。契約を結ぶ前は「もぉウチはロックだけは絶対どこにも負けませんから」みたいな調子なんだけど、中に入ればどこも同じ。昔のような情熱がどこにも感じられない。いいミュージシャンを発掘しようとか、いいレコードを世に出そうとか、そういうことよりもいかに会社を維持していくか、いかに社員を食わせるかだけの世界になっちゃってる。それはもちろん必要だけど、それ「だけ」じゃ寂しいだろ、一応「ゲージュツ産業」なんだから。

今はみんなマニュアル化されちゃってて、「レコード会社社員」としての思考や感覚のパターンもみんな同じ。昔は自分で気に入ったアーティストがいると、「絶対オレはこいつを売るんだ」っていうような動きができた。個人的なツテをたどってラジオ局なんかに売り込みに行って、そして本当に売ってしまう。そして、その勢いで自分もエラくなっていく……というパターンがあった。

でも、今は宣伝担当、営業担当っていう具合に完全分業化されて、みんなが自分の縄張りだけを守ってる。宣伝担当は一人でいくつもの担当のバンドやミュージシャンを抱えて、そのノルマをこなすので精一杯になってる。好きでも嫌いでも、とにかく全部をやらなきゃならない。「昔からそうだった」と思い込んでる若い人もいるだろうけど、こんな風になっちゃったのはつい最近のことなんだ。「仕事に情熱を持つこと」なんて社訓ができてて、みんな受け身で「情熱」を持たされちゃう。

「こういうミュージシャン」「ああいうバンド」っていうできあいの鋳型《いがた》をつくって、十把一絡《から》げにそこにはめ込んで、そしてマーケティングとプロモーションで画一的に大量にオートマチックに売っていくシステム。「他にないからすごいんだ」じゃなくて「他にこんなにあって売れてるからすごいんだ」っていう発想しかないんだ。そんなバカな！

音楽っていうのは製品じゃなくて生き物・ナマモノだと思う。つくってる本人にも計算も予測もできない得体の知れないもの。そういうものを自分たちは扱ってるんだっていう自覚が、レコード会社にはもうなくなっちゃったんだな。自分たちだって、そういう音楽に影響されて、それに憧《あこが》れてこの世界に入ってきたことさえ忘れてる。そんなシステムに対する反発や疑問からインディーズが生まれたはずなんだが、今じゃインディーズも同じパターンに陥っちゃってる。なにしろメジャーのレコード会社すべてが〈インディーズ部門〉をちゃんと持ってるんだから。どこがインディーズなんだ？

ようするにインディーズじゃなくて「インディーズ的な音」や「インディーズ風のスタイル」が、新しい売れセン商品として「インディーズ」の名前をつけてメジャーな路線に流されるだけ。ただし契約金ゼロ、製作費自己負担ってとこだけ「本物のインディーズ」だったりする。わけがわからない。

契約書には何が書かれているのか？

若い頃は、契約書なんてもんは読んだことも、いや、見たこともなかった。契約してる本人なのに。今の若いミュージシャンだって、まだそういう人が多いんじゃないか？　本人の知らないところで、とんでもない契約が交わされてたり、ほとんどすべてをプロダクションに持って行かれる約束になっていたり……。

今はさすがに契約の内容はベイビィズ（編注：忌野清志郎氏の現在の個人事務所）との話し合いで決めてるから、そういう心配はない……と思うけど。

「独立」っていうのは、自分の仕事に関わることを、できるだけたくさん自分で決める、自分で管理する、っていうことだろう。もちろんいきなりすべてを、ってわけにはいかないにしても、とにかくひとつずつでも「自分で決められること」を増やしていく、拡大していく。その一連のプロセスを「独立」と呼ぶんだと思う。

でも、それでもボロボロとポケットに穴が開いてるみたいに、実はまだ落とし穴がいっぱいあるんだよ。たぶんまだオレ自身が気づいてない落とし穴も、きっといっぱいあるに違いないんだ。

なにしろオレの人生なんて、そんな落とし穴の連続だった。「そんなバカな！」「しまったなあ」「こんなはずじゃなかった」の繰り返しだった。「オレの分はこれしか入ってないのかな」とかね。

最近は契約書の文体もずいぶんわかりやすくなった。昔は本当に何が書いてあるのかさっぱりわからない暗号みたいな文章だった。「ホントにこれ日本語？」って思うくらい。でも、すごく簡単でわかりやすくなったからといっても、またきっとどこかに落とし穴はあるんだ、と思ってる。

もちろん右も左もわからなかった頃の自分に比べれば、今の自分は幾分かマシな環境に生きているとは思う。自分で自分のことを決めるっていう、ある意味で当たり前のことが可能な範囲は、確かに大きくなっている。でも、まだまだだ。自分の身体《からだ》も時間も限られてるから、「全部自分で」っていうのは不可能だから。独立ってやつは「終わりなき闘争」なんだよ。

《自分の名前》で売る責任

たとえばギタリストの春日博文が東京ビビンバクラブっていうバンドをやってる時、舞台監督まで自分でやってた。しかも開演のベルまで自分で押して。「大変なのよあんちゃん、オレ忙しくてさぁ」なんてボヤきながら、すごく嬉しそうなんだ。「すげえな、こいつ」ってうらやましかった。

何かをつくってる職人的な人間ていうのは、そういうプロセス全部が楽しいんだよ。もちろんひきこもって自分の仕事に没頭して、あとの面倒な雑用は他人任せにしたいっていう欲求も一方にはあって、それでこの業界がどんどん複雑にシステム化されてきちゃったっていう一面もある。でも、その一方で、そういう自分のつくったものが受け手に届くまでの全行程が「作品」なんだ、だから全部自分でやっちゃいたいって欲求もある。これもまた大きなジレンマなんだけどね。

そういうジレンマが大きくなった時、「独立」の二文字が頭をよぎるんだと思う。

生まれて初めてのレコーディングの時なんか、もうただスタジオに呼ばれて歌って演奏すれば、もうそれで自分の仕事は終わりだった。自分自身も、ああ、オレはこれだけでいいんだ、あとはレコードができ上がるのを楽しみに待つだけでいいんだ……って思ってた。ある意味で、ずいぶんラクチンな仕事だな、と。

でも、楽しみに待ってたものを聴いてみたら「なんじゃこりゃ?」だった。自分が演ってたものと全然違うじゃないか!

やっぱりこれじゃ自分で音楽をつくったことにはならない、せめてミキシングまで自分でやらなきゃダメだと、そう思うようになった。だってリスナーの耳に届くものが「自分の音楽」なんであって、しかも「忌野清志郎」とか「RCサクセション」とか「ラフィータフィー」という名前で出すわけだからね。

音楽づくりの現場はどんどん分業化・システム化していって、なかなか全部に自分の手や目が届かなくなってくる。でも、それが自分の名前で出る限り、あらゆるものに自分は責任があるんだから、これはなかなかきつい状況だ。

カバー・デザインをめぐる確執

ジャケットのデザインひとつにしても、これはもちろんデザイナーが分業するわけだけど、「こういうふうにしたい」っていう自分のアイデアが、なかなか伝わらない。「今、売れっ子のデザイナー」とかいう情報だけは伝わってくるんだけど、アルバム全体のコンセプトやアイデアは、なかなか伝わり合えない。だったら別に売れっ子や偉いデザイナーじゃなくても、こちらのアイデアをきちんと把握して形にしてくれる人のほうが、よっぽどいいと思う。そういうことが、そこら中で起こってくるんだ。

レコード会社の方は、ただマニュアル通りに「ジャケットのデザインは今一番売れてるナントカさんで」みたいなアイデアと資料を送りつけてくる。でも、「今度の自分のアルバムがちゃんとできるか」っていう問題は、それとは全然別のことだからね。「売れっ子がデザインさえすればアルバムもちゃんと完成して、しかもいっぱい売れる」というパターン化された発想しかできなくなっちゃってる。

まあ、半信半疑ながら、最初のうちは「じゃあ任せます」となるケースが多かったけど、やっぱり釈然としないままそういうやり方を続けるのがイヤになって、とうとう『RUFFY TUFFY』っていうアルバムでは、自分でポラロイド写真を撮って、近所に住んでるってだけの親しいデザイナーと一緒にワイワイやりながらデザインしたんだ。レコード会社側は「そんなの前代未聞だ」とか大袈裟《おおげさ》に反対したけど、結果的に自分にとって最高のデザインに仕上がったと思う。レコード会社にとっての「結果」が出たかどうかは、また別としてね。

そう、「結果」が出ないと、そういう流れにストップがかけられちゃうっていうのが、また問題なんだけどね。「やっぱりダメじゃないか」ってことにされちゃう。それもまたマニュアル的な対応のひとつでしかないと思うんだけど。

プレス枚数を決める業界方程式

アルバムやシングルの発売スケジュールとかプレス枚数とかを、どこでだれがどんなふうに決めているのかって、昔はさっぱり知らなかった。今はまあ、だいたいわかってるつもりだけど、まだどこかに「落とし穴」があるのかもしれない。

特にプレス枚数なんて、ミュージシャン自身は絶対に決められないわけで。それこそもうマニュアル化の極致で、公式か方程式みたいなものがガッチリ決まってるんだ。

簡単に言ってしまえば「前回売れた枚数の六〇％」っていうのが基本になる。初回プレスはそれ以上はつくらないことになってる。たとえば前回が一〇万枚だったら、今回は六万枚、今回が六万枚なら次回は三・六万枚……って、こういう発想だと大方が縮小生産になっていくわけだ。内容や完成度に関係なく、枚数だけに比例して宣伝費も縮小されていったりするわけだから。

そこで事務所が力を発揮できるケースもあるけどね。「ふざけるな！」って社長がレコード会社に脅しをかけられるかどうかとか、宣伝やプロモーションの戦略を工夫して、それをレコード会社にも通せるかどうかとか……。まあ、「プロモーションはしない」っていう要望だけは、絶対通らないんだけど。

音楽業界にまつわる《怪談》？

そういう業界のシステムやからくりだって、いろいろな経験を経てやっとわかってきたんだ。若い頃は本当に無知で、無知だという自覚さえないまま仕事をしていた。今思うと恐ろしいよ。

でも、そう考えると、逆に自分がいかにラッキーだったかがよくわかる。なにしろ

「レコード出させてやる」とか言ってカネだけ持って逃げちゃうような詐欺《さぎ》まがい……いや、詐欺そのものがゴロゴロしてる世界だから。そういうのに一度も出くわさなかったんだから、きっと幸運だったんだよ。

　まあ、詐欺に遭う側ってのも、けっこう「手軽に儲《もう》けたい」とか「苦労せずに売れたい」とかいう、どこか物欲しげなスキにつけ込まれるケースが多いと思うから、ある種の自業自得ではあるのかもしれないけど。

「音楽をやりたい」という欲求があって、ある程度テクニックとか演奏力があって、しかも曲までつくれれば、だれだってミュージシャンになれる時代だ。もうそれだけで損はないはずなんだ。だって自分の好きなことをやってるわけだから。何も損はしていない。苦痛もない。

　でも、「売れたい」という欲求の次元になると、今度は「損をするリスク」や「苦痛を感じるリスク」が生まれる。実名出していいのかな？　たとえば古井戸の加奈崎さんなんかは、全部一人でブッキングして、自分のムスタングに乗って、ギター一本だけ持って、全国の小さなライブハウスを回ってる。観客動員数がどれくらいかは知らないが、それでも「赤字じゃないよ。儲かってるよ」って豪語してた。もちろんインディーズからＣＤも出してるけどね。そういうやり方、生き方もあるんだよ。

逆に友人の某ギタリストMのようなケースもある。とにかくめちゃくちゃ働いてるのに、いつも「カネがない」「貧乏だ」ってボヤいて借金ばかりしていた。こんなにすごい仕事量で稼ぎまくってるのに、赤字のはずがないだろうって言われて、税理士に調べてもらったら、なんと本人にまったく覚えのない「千数百万円の使途不明金」が発覚した。すでにマネージャーはどこかに消えていた……。こんな「怪談」がゴロゴロしてる世界なんだよ、ここは。

でも、その一方で、ある程度の才能と努力と知識で、なんとかやっていけちゃう世界でもある。それはどこの世界でも同じだと思うよ。いまやサラリーマンの世界だって「明日をも知れない」世界になってきてるんだから、なにもこの業界だけが特別なわけじゃない。一応「周りにいるやつはみんな泥棒」くらいに思ってたほうがいいけどね。ははは。でも、無知や無防備につけこむ詐欺や泥棒だって、この世界の外にも、そこら中どこにでもいるだろ。

でも、知ってると知らないとじゃ大違いっていうことが、この業界にはやたらある。たとえば著作権・版権問題。自分がつくったものの権利が一生自分のものにならない契約なんて、信じられるかい？　だって全部オレがつくったんだぜ。自分ちでコツコツと。歌ってるのも演奏してるのもこのオレなんだよ。それがなんで一生「オレのもの」にならないんだ？ なんで一生返してもらえないんだ？

まあ、オレが無知だったと言えばそれまでなんだが、そもそもこういう契約が存在している、許されているっていうこと自体が不思議だ。「こんなのがあったのかよ」って驚くようなことが次々と出てきた。それはつまり「オレはいかに無知だったか」を思い知ることでもあった。「こんな要求してもよかったんだ」とか「けっこう言えば通るもんなんだ」っていう発見もたくさんあった。そういうことは、あっちからはなかなか教えちゃくれない。有利な立場を保つためにね。だから自分で発見するしかないんだ。なにしろ泥棒とつきあってるんだから。

《知る権利》よりまず《知る努力》

最初に「ヘンだな」と思ったのは、友人の俳優・三浦友和の事務所がマネージメント料を一〇％しか取らないって知った時。「えっ、たった一〇％？ オレが五〇％も取られてるのに？」ってね。もちろん俳優と比べるのはフェアじゃないかもしれない。こっちは楽器やら機材やらいろいろ経費もかさむけど、あっちはほとんど身一つだから。業界的にカネのかかり方が違うのかもしれない。でも、五〇％と一〇％じゃ、ちよっとあまりに違いすぎないか？

　こういうことさえ、なかなか知ることができない。たぶん若手のミュージシャンの場合は、もっと不利な条件でこき使われるケースが多いんだろう。あっちに言わせりゃ「売り込みに経費がかかるから」とかってことになるんだろうが。でも、そういうことも本来なら本人に知らされるべきだし、知らされないなら本人がなんとかして知る努力をすべきなんだよ。

第五章

「業界」からの独立　後編

前章ではロック業界全般について、かなり大まかだけど、かなり偏《かたよ》った話をしてみた。でも、ひとくちにロック業界といっても狭いようで広い。もっとも広いようでやっぱり狭くもあるんだが。とにかくこの章では、その業界の一角を占める《ロック・ジャーナリズム》の周辺を中心的な話題にしてみよう。ロックで独立するためには、このロック・ジャーナリズムってやつとつきあいながら、しかもそこからも独立しなきゃならないんだ。

ロック・ジャーナリズムといっても、別にロック専門誌やロック情報番組ばかりとは限らない。たとえば新聞の文化部・社会部やらテレビの芸能部・報道部だって、ロックを扱えばロック・ジャーナリズムだ。「忌野清志郎がまたなにか一騒動起こしたらしいから取材してこい」って上司に命令されてやってくる取材記者だって、その瞬間はロック・ジャーナリストだ。とりあえず、そう定義しておこう。

初めてのインタビュー体験

生まれて初めてメディアから取材を受けたのは、記憶が正しければ、どこかのスポーツ新聞だった。どこだったかは忘れたが。インタビュアーも確か結構有名な人だったはずだ。だれだったかは忘れたが。

　で、いろいろ質問されて、ごくごく普通に答えてたら、そのインタビュアーがこんなことを言った。

「キミと話してると、なんだか禅問答をやってるみたいだな。もっと自分を積極的に売り込むようなことを言わないとダメだよ」

　説教をされちまったわけだ。その時はまだこっちもガキだったから、へえ、そういうものなのかって思ったが、こっちは訊《き》かれたことに素直に正直に答えてるのに、なんだか面倒くさい世界なんだなとも思った。デビューしたての頃に、そんなことにまで気が回らないからね。まあ、アイドル歌手なんかならプロダクションに「こう訊かれたらこう答えろ」っていちいち教わってるんだろうが。当時、フォークグループだのロックバンドだのは一切そういう「教育」を受けてないから、紋切り型の自己ＰＲだのお愛想なんていえないし、言う気もない。それに「そういうのはダサい」っていう仲間内の共通認識みたいなのもあった。

正直に答えても納得してくれない

まあ、自分に関する限り、それは基本的に今も変わってないのかもしれない。だから自分としてはインタビューに正直に誠実に答えているつもりなのに、なかなか相手の意図と噛《か》み合わなかったりする。

『君が代』騒動の時なんか、それが顕著だったね。突然、筑紫哲也さんとか田原総一朗さんとかの「社会系」の人たちからインタビューを受けるわけだが、ほとんど話にならない。「どうして『君が代』をパンク風に歌おうと思ったの？」という質問に対して、こちらが一〇〇％正直に「ええ、やるなら今しかないと思いまして」とか「今やれば目立つし売れると思ったからです」とか答えても、納得されないというよりガッカリされてしまう。答えをはぐらかしてるとしか思ってくれない。

だからまあ、しょうがないからその後に「若者たちにこの問題について考えてほしかった」とかなんとか心にもないことを答えてあげると、やっと納得する。要するにこちらに言わせたい答えや結論は、最初から決まってるんだ。それを本人に確認しに来るのならまだわかるんだが、確認する内容も勝手に決めちゃってるわけだ。だったらわざわざインタビューなんかに来ないで、最初から自分で勝手に書いちゃえばいいと思うんだが。

清志郎はインタビュー嫌いなのか？

でも、基本的にインタビューってそういうものなんだろうな。だって三〇年間ずっとそうだったんだから。「聞かれたことに正直に答えても納得されない。相手がこっちに言わせたがってることを想像して答えてやるとやっと納得してくれる」――このパターンの繰り返し。ものすごく不思議なことをやってるんだ。それこそ禅問答だと思うけどね。

まあ、そのへんはもう諦《あきら》めてる。そういうインタビューは、ただ「早く終わってほしい」と思いながら我慢するしかない。「忌野清志郎はマスコミ嫌い、インタビュー嫌い」っていうイメージがあるらしいんだけど、実のところは、嫌いだ。もちろんインタビュアーによっては楽しめることもある。それは普通の会話と同じ。楽しい会話もあれば退屈な会話もある。当たり前のことだろ。

たとえば声の小さい人にインタビューを受けるのはつらい。こっちも声のボリュームをあっちに合わせてるうちに、どんどん元気がなくなっていく。かといって、声がでかきゃそれだけで元気になるってもんでもないが。

あとイヤなのは、妙にへつらってるようなタイプ。揉《も》み手ですり寄ってきて慇懃《いんぎん》で歯の浮くようなことばっかり言うヤツ。よくいるよね。もちろんその逆もイヤだけどね。エラそうなヤツ。それと、これは女の取材者にありがちなんだけど、変におネエさん気取りの人。「キヨシローくん」とか呼んでくれてね。

こう言っちゃうと、ようするにみんな嫌いみたいだけど、そんなことはない。普通に対等に気持ちよく会話できる人なら、こちらも同じように話せる。それだけのことなんだ。もちろんこっちのことをよく知ってくれるに越したことはないが、妙に「知ってるつもり」の人よりは、あまり詳しく知らなくても、プロとして誠実に常識的に話してくれる人の方がずっと好感が持てる。当たり前のことだろうけど。

新譜発売直後のインタビュー地獄

新譜が出た直後はインタビューや取材が集中して、それこそ朝から深夜までずっと同じことを訊かれ続けて同じことを答え続ける、という状態になる。これはいまどきのミュージシャンならだれもが経験することだろうが、一日に何件もインタビューを受けてると、確かに不思議な気分になってくる。「あれっ、さっきも同じこと訊かれて同じこと喋《しゃべ》ったのに」っていう、デジャヴ現象みたいなことが頻繁に起こって……。なんだか永遠に終わらないエンドレステープの中に閉じ込められたような気分だ。それくらいどれもが同じ内容だってことだ。

そりゃ苦痛だけど、別の意味で不思議なことも起こる。何度も似たり寄ったりのインタビューを受けるうちに、だんだん「答えるべきこと」のシナリオというかストーリーが、自然にできていっちゃうんだ。最初のインタビューでは曖昧《あいまい》だったはずのことが、最後のインタビューではもう「それ以外ない」ってくらい確固たる事実になってたりして。これはもちろん「同じ会話を繰り返すうちに、こちらの考えが明確になってきた」っていう面もあるんだろうが、むしろ「相手の誘導尋問によって勝手にストーリーが作られていく」っていう面の方が大きいんだと思う。警察の取調室の尋問みたいなもんだ。

もちろん人によっては、本当にシナリオができちゃってるミュージシャンもいるのかもしれない。事務所から営業戦略的なレクチャーを受けてたりして。そういうことは一度もしたことがないな。ラクといえばラクなんだろうけど、やっぱりなにを訊かれるかわからない、なにを答えるかわからないインタビューの方が、嫌いなりにまだ面白いと思う。こちらにも新しい発見や収穫があるようなね。

インタビューの日米比較文化論

『君が代』騒動に戻ろうか。あの時は海外メディアからの取材もけっこうあった。そのインタビューの質がもう全然違ってた。たとえば、あの『君が代』の中では、アメリカ国歌の『星条旗』も演《や》ってた。ところが日本のインタビュアーでそのことについて触れた人は一人もいなかった。右翼からツッコまれるとしたら、あのへんだと思ってたんだが。そこを突いてきたのが『TIME』だった。「なんでアメリカ国歌が出てくるの?」ってね。まあ、アメリカの雑誌だからなんだろうけど、さすがに聴き逃さなかった。

でも、それは素朴な疑問だと思うんだ。それをストレートに訊かれたのは、それが初めてだった。ひとつの作品として普通にあの曲を聴いてれば、当然そういう疑問が湧《わ》くものだろ。ところが、日本ではとにかく音楽以前に『君が代』問題があるわけだ。「日本国歌をロックにした」っていう事実だけが問題であって、音楽になんかきっと興味がないんじゃないか？

　で、『TIME』の記者と自然にジミヘンの話になって、こちらが「アメリカじゃこんなこと問題にならないだろ。ウッドストックでとっくの昔にジミヘンがあんなことやっちゃってるんだから」って逆取材したら、「そんなことない。実はあの時、ジミヘンだっていろんな非難を浴びてた。ただベトナム戦争に国中がうんざりし始めてたから大きな問題にならなかっただけで、仮にあれを湾岸戦争の頃にやってたら右翼が大騒ぎしたはずだ」って答えてた。

　そこでこちらがさらに「湾岸戦争の時はなぜアメリカのミュージシャンたちはなんの意思表示もしなかったのか？」って訊くと、「まあ、あれは戦争期間も短かったし、国威発揚のための戦争だったし……」とか言う。「それについてキミはアメリカ人としてどう思ってるわけ？」と、さらにツッコむと、「いや、確かに信じられない。アメリカは狂ってる」だってさ。

　あのインタビューは面白かった。健康的で対等な会話だった。ニュース雑誌なのに、ちゃんと音楽の話もできたしね。

なぜ音楽雑誌が音楽の話題を避けるのか？

そもそも音楽雑誌といっても、なぜかあまり音楽のことを訊いてくれないんだ。『ロッキング・オン』なんかでも、話題になるのは歌詞の内容ばっかりだったりね。音楽評論ていうより文芸評論みたいだ。

こっちは「この曲のコード進行が実は画期的なんだ」とか「こういうすごい音になったのは実はこういう新しい録《と》り方をしてて」とか、純音楽的に自慢したいことだっていっぱいあるのに、なぜかだれもそのことには触れない。興味がないらしい。渋谷陽一にも「死ぬほどロック聴いてるのに、なんで音楽のことを訊かないんだ？」ってよく文句言ってたんだけど、どうもなかなかわかってもらえない。

確かにそういうのはサウンド系やバンド系の専門誌にまかせりゃいいっていうリクツもあるとは思う。でも、仮にも「音楽」っていうからには、それはあくまでも「音」であって、歌詞もその一部なわけだろ。「ここんとこの音に苦労したんだよ」とか「こういう録音で初めてこんな音ができたんだ」とか、そういうこともミュージシャンの中では歌詞と同じくらい、いや、それ以上に重要なんだよ。でも、音楽ジャーナリズム、ロック・ジャーナリズムは、なぜかそういう方向にはなかなか行ってくれない。だからこっちも取材でフラストレーションが残っちゃうんだ。

自分のインタビューは全部読む

もちろん訊かれなくても、自分から勝手に喋っちゃえばいいのかもしれない。でも、勝手に喋って、それが結果的にめでたく活字になったとしても、取材者やライターが本当に興味を抱いてくれてなきゃ、それはそれだけの扱いにしかならないし、結局たいしたことじゃなくなっちゃうんだ。そういう意味で、これまで「音楽的に満足できた」インタビューって受けた記憶がない。

不思議なことだ。音楽やってる人間が、これまで三〇年間に何千回も音楽ジャーナリズムからインタビューを受けたのに、一度も音楽の話をさせてもらえないなんて。

自分のインタビューは、ほとんど全部読んでる。もちろんその内容が、自分が実際に喋ったことと距離があるなあ、と思うことも多いが、それはある意味で当たり前のことだと思う。書く側も「読者にとってわかりやすい話」にアレンジしなきゃならないし、それが仕事なんだから。だからあまり文句は言わないけど、読者だっていろんな人がいて、もっといろんな話が聞きたいんじゃないのかな。

　確かにインタビューは面倒くさいし、取材の申し込みがあっても、こっちがどうしてもイヤだと言い張れば断ることもできる。「歌った通りだ。聴いてくれればわかる。それをいちいち説明するのは野暮だ」っていう気持ちもある。でも、それでもインタビューを受け続けてるってことは、やっぱり自分の中にも語りたいことがあるからなんだろうな。本当にイヤなら断ってるはずだから。

業界内取り引きに利用されるインタビュー

　デビューした頃は、ＲＣサクセションや忌野清志郎に興味を抱いてくれた人が「ぜひ話を訊きたい」っていうパターンがほとんどだったと思う。音楽ジャーナリズムにしても、音楽が好きな人たちが音楽ファン同士の交流や情報交換の場をつくってる、っていう要素が強かった。まだそういう時代だったんだ。でも、八〇年代あたりから、ちょっと様子が変わってきた。

　いわゆるバーター。レコード会社が広告・宣伝を出したから、その見返りとしてインタビュアーがやって来る。広告を出さなきゃインタビューにも来ない。そういうものが「インタビュー」になってしまった。ショーバイや取り引きの材料なんだな。音楽産業そのものがビジネスとして「洗練」されてくるにつれて、そういうシステムも確立されてきてしまった。

そもそもインタビューにしろ記事にしろレビューにしろ、最近は全部が全部チョウチンとヨイショばっかりだ。どんなバンドもミュージシャンも、ことごとく誉めまくられてる。批評や評論じゃなくて、すべてはプロモーションでありPRになってるんだ。まあ、もはや常識かもしれないが。音楽ジャーナリズムは「音楽ジャーナリズム」なんかじゃなく「音楽プロモーター」か「音楽アドバタイザー」になってしまった。

もちろんオレだって人の子だから、誉めてもらえば気分は悪くない。めちゃくちゃ露骨にけなされれば「この野郎」と頭にもくる。でも、「内容のない賞賛記事」と「内容のある批判記事」とだったら、後者の方がずっと好きだね。もちろん「内容のない批判記事」が最悪だけどね。ちゃんと聴いてくれたうえでけなしてるなら、頭にはきても認めざるをえないよ。まあ、最近はそういう記事もめったにないけど。

書き手がちゃんと聴いてるかどうかは、それを読めばすぐにわかる。持ち上げられたり突き落されたりを三〇年間も繰り返してきた経験は、ダテじゃないんだ。

ジャーナリズムとプロモーションの癒着構造

それにしても、なぜレコード作るとプロモーション活動にまでひっぱり出されなきゃならないシステムになってるのか？　——それがずっと疑問だった。そのシステムがどんどん露骨に確立されてきて、それが当たり前の恒例行事になってしまった。

だってこっちは、全身全霊を込めてレコードをやっと完成させたばかりなんだ。「レコード会社さん、あとはよろしく売ってくださいよ」で、どうしていけないんだろう。なんで本人がまたあちこち引きずり回されたあげく、「買ってください」って頭を下げまくるようなことをやり続けなきゃいけないんだ？　レコード会社と音楽ジャーナリズムの「取り引き」のためにコキ使われなきゃいけないんだ？　「なぜこの曲を書いたのか」なんていう答えようのない質問に答え続けなきゃいけないんだ？

ずっとそう思い続けてきた。でも、今こういうことを言うと「今さらなに青臭いこと言ってんだ」とか言われちゃうだろうけど、今だろうが昔だろうが、おかしいことはやっぱりおかしい。「最近こいつ雑誌からバラエティ番組までメディアに露出しまくってるな。あ、そうか、新譜が出たのか」っていう本末転倒な反応も、もうだれもが不思議に思わなくなってる。もっと他にマシな方法がありそうなもんだと思うのは、オレだけなのか?

どうせ露出目的のルーティン・ワークなんだから、せいぜいインタビュアーをからかって遊んでやろうかと思ったこともある。毎回、同じ質問に違った答えをしてやろうとか、嘘《うそ》しか答えないことにしようとか……。デビュー当時も、毎回RCのグループ名の由来を訊かれて、毎回まるで違う答えをしていたことがあったっけ。でも、実際やってみると、けっこう大変でものすごく疲れるんだ。一時期のビートルズもそれをやってたけど、結局、最後はバカバカしくなってやめちゃった気持ちがよくわかる。

逆に、取材者側が「今この人にインタビューをしてみたい」って申し込んでも、レコード会社や事務所の側が「今レコード出してないから新譜が出た時にしてくれ」って蹴《け》られるケースもあるらしい。むしろそういうインタビューの方が、ずっと信じられる気がするんだが……。まあ、レコード会社や事務所も、他のタレントで忙しいのかもしれない。

プライベートな質問にどう答えるのか？

まあ、それでも自分の仕事に関することを訊かれる限りは、とにかくできるだけ誠実に答えようとしてるつもりだ。困るのはプライバシーに関する質問だ。たとえば「普段なにしてるんですか？」的な。

もちろん書く側は面白いネタが欲しいわけだから、なにか変なことをしててほしい、びっくりするような奇行をしてててほしい、波瀾《はらん》万丈のむちゃくちゃな私生活であってほしい……と期待しているんだろう。でも、話して面白いようなことって、そんなにあるわけないんだよ。

「最近なにか変わったこと、面白いことありました？」って訊かれても「え〜と、スタジオ入ってレコーディングして、ライブハウスで……」って、別になにも面白くない。日常ってそういうものだろう。友達との酒飲み話なんか、他人に聞かせたってワケがわかんないだろうし。そんなのはどこの家庭にもあることだ。

まあ、確かにステージの袖《そで》で自分の子供を「高い高〜い」なんてあやした後、ステージに飛び出してってああいう歌をぶちかます……なんてのは、自分にとっては普通の日常なんだが、端から見ればけっこう不思議なものなのかもしれない。でも、そういうことも、どんな職業にだって、どんな人にだってありうることだ。他人のプライバシーを面白がりたい人ってのは、結局それがだれでもいいんだと思う。

「自分の言葉」は本当に伝わるのか？

デビューしたての頃は、逆にずいぶんと社会的・政治的発言を求められたこともあった。みんなが反戦歌を歌ってた時代だったたから。「RCは反戦歌やらないんですか？」「ベトナム戦争については？」なんてね。

ところが今は、そういう発言は完全にタブーになってしまった。まあ、別に特に発言したいわけじゃないが、ちょっと極端だね。いろんな質問や発言の中に、たまたまそういうジャンルが混じってたっていいと思うし、それだけが排除されてるのは逆に不自然なんじゃないか。もちろんさっきも話したように、そればっかりってのも異常だけど。

RCの頃は、一応スポークスマンみたいな役割をして、メンバーを代表してインタビューを受けたりもした。でも、もともとそういう役割は得意な方じゃないから、

「メンバーを代表して」みたいな大袈裟《おおげさ》な意識はなかった。かえって「他のメンバーにあまり気を遣いすぎないように」気を遣ったりして、その結果、傲慢《ごうまん》だと思われたりもして。でも、メンバーから文句が出たりしたことはなかった。結局、そんなことあんまり気にする連中じゃないんだ。インタビューに興味あるヤツなんかいないし。「テキトーに喋っといて」って感じだった。

自分で文章を書き始めたのも、一部では「音楽ジャーナリズムに対する不信感がつのって」みたいな説が囁《ささや》かれてるらしいが、別にそういうわけじゃない。いや、「音楽ジャーナリズムに対する不信感」は本当だけど、それとこれとは別だ。ただ書いてみたら自分でも面白かったからってだけ。

たいていは真夜中に酒飲みながら書くんだが、基本的には詞をつくるのと同じ感覚だね。一人称であって一人称じゃない、フィクションであってノンフィクション……。詞も散文も同じ。でも、音楽で表現し足りないものを書いてるわけじゃなくて、ただ頼まれたから書いてるだけなんだ。だからけっこう悪戦苦闘しながら書いてる。

でも、自分の言葉が直接伝わるのは、やっぱりいいことだ。一時は「雑誌はもうイヤだ。テレビにしか出ない」って宣言しちゃったこともある。少なくとも編集されたりしない限り、自分の言ったことがそのまま伝わるわけだし、それに間を持たせる苦労をしなくてもすむ。まあ、生放送には別の意味の怖さがあるけどね。もっとも、怖いのは本人より周囲のスタッフだろうけど。

「清志郎」のパブリック・イメージ

でも、雑誌にしろテレビにしろ、それが所詮《しょせん》はメディアのフィルターを通して「作られるイメージ」であることには変わりがない。

もちろんレコードやステージだってメディアにゃ変わりないけど、それは少なくとも自分である程度はコントロールできる。完全にコントロールはできなくても、責任は負えると思う。自分がプロデュースしている限りは。

でも、「忌野清志郎」というパブリック・イメージは、それらがゴッチャになったものだから、どこからどこまでが「作られたイメージ」なのかなんて、本人にもよくわからないものだ。

しかもそれは人によって全然違っていたりする。ある人が抱くイメージは、他の人が抱くイメージとは似ても似つかないものだったりするのかもしれない。いや、間違いなくそうだろう。

でも、ある程度はわかってるつもりだ。たぶん今「忌野清志郎」は大方こんなイメージなんじゃないかっていう第三者的な視点は、当然本人の中にもあるから。なにしろ三〇年選手だからね。だからこそ時にはそのイメージを利用したり、裏切ったりしようともしてきた。

ファンから独立する方法

「ファンの期待に応《こた》えたい」という気持ちと「ファンを裏切りたい」という気持ちを秤《はかり》にかけたら、一貫して「裏切りたい」の方がずっと強かった気がする。

だって三〇年も音楽活動を続けていれば、こちらが「ファンに裏切られる」ことの方が、ずっと多いんだから。

メジャーになっちゃったからとか、もう自分も若くないからとか、そろそろ飽きたからとか、他に興味が移ったとか、なんとなくとか、そういうことでファンが自分から離れたり付いたりするのを、三〇年間肌で感じ続けてきた。だからオレはファンを信じてなんかいない。信じろっていう方がムチャだ。

よくプロ野球やJリーグの選手がインタビューされて、ファンやサポーターに感謝の言葉を言ったりするのを見てると、「この嘘つきめ」って思っちゃう。彼らだってファンに裏切られ続けてきたはずなんだ。

なにしろもうデビューしたての頃から、そういう体験の連続だった。最初に愕然《がくぜん》としたのは、『ぼくの好きな先生』がヒットしたあたりだった。こちらが顔を覚えちゃうくらいのコアなファンがけっこう付いた。まだ未熟者だったから、「ああ、ファンとはなんてありがたいものか」と舞い上がっちゃってたんだけど、しばらくして古井戸が『さなえちゃん』でブレイクしたとたんに、もうさっそく半分くらいの女がそっちに走ってる。あっという間にファンが離れていった。

これは正直ショックだったな。いや、悲しかったとかいうんじゃなく、カルチャーショックに近かった。「そうか、もう金輪際やつらを信用するのはよそう」ってね。

ファン不信を決定づけた両極端体験

で、その後ずっと落ち目で、ファンなんか一人もいなくなった頃、『雨あがりの夜空に』が突然売れると、今度はいきなりドッとファンが増える。「こんなにたくさんの人間が、これまでいったいどこに隠れていたんだ」っていうくらい。

もちろんこういうことが起きることは他人事《ひとごと》として知ってはいた。でも、実際に自分が体験すると、それはもう信じがたいことなんだ。「なんだこれは？」ってくらい。

早い時期にそういう両極端の体験をしてしまうと、もう「ファンはありがたい」とか「お客様は神様です」なんてとても思えなくなるはずだ。それは自分ではラッキーなことだったと思ってる。ファンを信じすぎずにすんだってことがね。

でも、自分だって他人のことは言えやしない。ガキの頃、ビートルズの大ファンを自認してても、人気がちょっと落ち目になって、ジミヘンとかクリームとか目新しいアーティストが出てくると、今度はそっちばっかりに行っちゃってね。そして、ビートルズを聴いてるヤツに「おまえ、まだビートルズなんか聴いてんの？　あいつらもう終わってるぜ」とか平気で言うようになる。とんでもないヤツだ。

よくよく考えれば、自分だって「信じちゃいけないファン」の一人だったんだよ。まあ、所詮「ポップな世界」なんて、そんなものなんだけどね。

『雨あがり』はいつ消えたのか？

実際にステージの上から客席の反応を窺《うかが》って「あ、客層が入れ替わったな」って感じたことも、何度かあった。

逆にこちらが変わったことで、「あ、かなり拒絶反応があるな」とか「戸惑ってやがるな」とか感じたことも、やっぱり何度もあった。

たとえば何年か前から、ステージで最後に『雨あがりの夜空に』を演らなくてもよくなったんだ。演っても昔みたいな盛り上がり方がなくなった。ようするに、ちょうどその頃に客が入れ替わったんだな。ＲＣをひきずってない新しいファンが多数派になったってわけだ。

さっき初期のＲＣで「女のファンに裏切られた」みたいな話をしたけど、それは別に女に限らない。信用できなさ加減は、男も女も平等だよ。

そもそも日本人って、三〇代後半になるともう音楽とかにあんまり興味がなくなっちゃうんだ。突然ぱったりと聴かなくなる。それは歴然とわかるよね。アメリカやイギリスじゃ、大のオトナが聴けるロックやポップスがあって、チャートもあるし、実際何十万人もの大人が聴いている。日本では、なかなかそうはならないんだよね。「そういうのはガキんちょの文化」という不文律があるみたいなんだ。「ファンは信用できない」っていうオレの気持ちに、それがさらに輪をかけてる。

ファンの不安を煽《あお》りたい

まあ、これもそういうものなのかもしれないけど、大方のファンは保守的だしね。ミュージシャンの側からすれば「これは新曲でしかも自信作だからファンもきっと聴きたいだろう、喜ぶだろう」と勝手に思ったりするわけだが、それをステージで演ると、とたんに客がひいちゃうのがわかる。

最初は「つい聴き込んじゃうからノレないのかな」と思ったりもしたんだが、どうもそうでもないらしい。「CDになってない曲」に対して不安や違和感があるらしい。「なんか知らない曲を演ってるぞ。そんな曲あったか？　困ったな」って感じなのかもしれない。

こちらもそんな不安や違和感を煽り立てて裏切ってやりたい気持ちがあるから、今はそれが倒錯的な楽しみになっちゃったけどね。いろんなバンドが出演するイベントで、客もノリノリになってるところへ出て行って『君はそのうち死ぬだろう』とかの暗いナンバーを連発してみたりね。客がものすごい勢いでひくのがヒシヒシ伝わってくる。

「ファンは大切にしなくちゃ」とか「お客様は神様です」とかだったら、絶対そんなことはできなくなる。いつものナンバーをいつものように延々と演奏し続けてなきゃならない。往年のヒット曲メドレーとかね。でも、やがてそれにも飽きたファンは、やっぱり一斉に離れて行っちゃったりする。そういうファンに縛られちゃうと、もう新しいことなんてなにもできなくなる。

大切にしたいのはどんなファン？

「理想的なファンのイメージを仮想して、それに対して歌いかける」なんていう方法論がよく言われるけど、自分はそんなこと考えたくもない。曲を書くにしてもステージで歌うにしても、あまり受け手をイメージすることもない。強いて言えば、「話が通じる友達や仲間」のイメージかな。そういう人たちに向かって歌っているつもり。

だから現実のファンから直接の反応が来たりすると、ちょっと戸惑っちゃったりする。まあ、そういうファンていうのは、そういうことをしたがる特定の人種なのかもしれないが。

2・3'Sをやってた頃には、特に批判的なファンレターがいっぱい来た。そんなに良くないと思うのなら聴きに来なきゃいいのに、いちいち聴きに来ていちいち批判してくれるんだ。ある意味では「ありがたいファン」なのかもしれないが、単に「そういうファンである自分」が好きなだけなのかもしれない。

ファンレターはけっこうちゃんと読む。デビュー当時なんかは母親に「返事書かなきゃダメよ」とか言われて「なんでアンタに言われなきゃならないんだよ」ってブツブツ言いながらも「お手紙ありがとう……」なんて律儀に書いてたんだ。

まあ、大方は普通のファンレターなんだが、中には当然変なのも混じってるわけだ。いきなり説教するヤツとか、人生相談してくるヤツとか、唾液《だえき》入りの瓶が同封されてるのとか。精神病院の病室から定期的に書いてくるのも何人かいた。三回自殺未遂した話とか、ほとんど自分のことしか書かれてないんだが。

中にはネタにさせてもらったのもあった。汚い字で「初めてお便りします。私はキヨシローさんの裸体が見たいです。他になにも望みはないです。最近そう思い続けています」とかなんとか書いてある。普通じゃないと思ったが、その「裸体が見たい」ってフレーズは韻を踏んでるし、不思議な響きなんで「きみのラタイが見たい」って歌詞（『DIGITAL REVERB CHILD』）に使わせてもらった。

ミュージシャンの虚像と実像も確かにわかりづらいけど、こちら側から見れば、ファンの虚像と実像はもっとわかりづらい。だって全体像が見えないんだから。三〇年間やってても正体がさっぱりわからない。「ファンをありがたがれ」って言われても、正体不明のものをどうありがたがればいいんだろう？　あ、そうだ。「ありがたいファン」のイメージで、ひとつだけはっきりしてるものがあった。それは「影響力のあるファン」。「ＲＵＦＦＹ　ＴＵＦＦＹの今度のＣＤいいよ」とか周囲に言いふらしてくれるファン。そんなファンは大切にしたい。

第六章

独立は「自由」か「面倒」か？

「独立」って一言で簡単に言うけど、いったい何をもって「本当に独立した」ってことになるのかは、けっこうややこしいんだ。形式的に独立さえすれば、あらゆる問題から解放されてスッキリと自分のやりたいようにやれる、なんていう単純なことじゃない。もちろんこんなことは言うまでもない当たり前のことなんだが、独立したら独立したなりの新たな問題がいくらでも生まれてくるわけだ。「こんなことなら独立なんかしなきゃよかった」と思っちゃうくらいの面倒くさい問題がいろいろ。

でも、そういうことが見えてくる、わかるようになるのも、独立したからこそなんだ。独立してみなきゃ絶対に見えなかった世界が見えてくる。そうやって見えてきた新しい世界と、今度は自分が直に対面しなきゃならなくなる。

これまでは他人まかせにして自分で考えなくてもよかった問題を、自分の頭で考えなきゃならなくなる。それが独立してみることの一番の意義だと思う。

《看板》だけじゃ独立できない

「独立」さえすれば自分が独立できるわけじゃない。「独立」した後の新たな問題を解決していくことが本当の独立なんだ。大企業にこれ以上管理されるのはもうイヤだ、って脱サラしたサラリーマンが上司に辞表をたたきつけて「独立」して蕎麦屋《そばや》になったからといって、それで彼が独立できたわけじゃない。今度は一人前の蕎麦屋として自分の力だけでやっていけるようになって、初めて「彼は独立した」って言えるわけだろ。蕎麦屋の看板を掲げただけじゃ、まだ本当に独立できたのかどうかなんてわかりゃしないんだ。

音楽だって同じだ。プロダクションから「独立」して自分の事務所を設立して、大手のレーベルから「独立」してインディーズの看板を掲げただけで、「さあ、オレは独立したぞ。これからはなんでもオレの思いのままだ」なんてことに自動的になるわけじゃない。

そんなことは当たり前のことだけど、この当たり前をちゃんと理解して受け入れられるようになることが、本当の独立への第一歩なんだよ。

独立は《自由》か《面倒》か？

大きな組織やシステムの中では見えなかったことや、なんとかごまかせたことが、互いの顔が見える小さな組織や個人の世界では、大きな問題になったり、ごまかしがきかなくなったりする。それだけ「個人」が問われるようになるわけだ。「個人」の力量や才覚が前面に出てくる。だからいろいろと面倒くさい。でも、だからこそ面白いし、やりがいもある。なによりも、それは自分自身が望んだことなんだから、自分自身が引き受けるしかないんだ。

独立する前の「自分には見えなかった問題」とか「自分には関係なかった問題」ってのは、ようするに「自分ではどうにもならない問題」だった。それが「自分でどうにかしなきゃならない問題」になってくるわけだ。それはつまり「自分でどうにかできる問題」ということだ。それを「自由」と呼ぶか「面倒くさい」と呼ぶかは、本人の独立への覚悟や意識が決める。

まあ、そりゃ問題にもよるけどね。くだらない問題はやっぱり面倒くさいよ。「なんでこんなことまでオレが考えなくちゃいけないんだよ。そんなくだらねえことはとっととだれかが決めてくれ！」と思うことも当然ある。多々ある。でも、それが独立というものなんだ。

独立後の最大の（？）トラブル

たとえば最近、ウチの事務所で起きた最大のトラブルをばらそうか。もっとも、これは「自分でどうにかできた問題」なのか「自分ではどうにもならない問題」なのか、微妙な問題なんだが。

実は今年（二〇〇一年）の三月に「社長交代劇」があったんだ。そのいきさつっていうのが、いかにも小さな独立系事務所ならではのものでね。

ことの発端は、例のあの『君が代』が入ってるアルバム『冬の十字架』だったんだ。あれがポリドールで「問題」になった時に、その対応についてオレと社長とで意見が真っ向から対立しちゃったんだ。オレはもちろん「ポリドールが出さないって言うならインディーズで出そうぜ」と主張した。一方、社長は「いや、ここはポリドールに譲歩して『君が代』抜きで出しておいた方が得策だ」と、ようするに丸く収めようとした。

もちろんよくある話なんだが、そんなよくある話に丸めこまれちゃったら、なんのために独立したのかわからない。

だから当然オレは怒った。「レコード会社のサラリーマンみたいなこと言うな。おまえはいったいどっち側の人間なんだ？　こういう時にミュージシャン側に立ってくれなきゃ今までと同じじゃないか」って。

結局、オレ側が強引に押し切って、インディーズで出しちゃったわけだけど、そのへんから関係がギクシャクし始めた。だってそれってかなり本質的な問題だろ。

『君が代』演奏禁止騒動

その最中にラジオ出演にまつわる問題も起きた。『君が代』問題が起きる前からスケジュールが決まっていたニッポン放送から、社長に「『君が代』は演《や》ってもらっちゃ困る」っていうお達しが来たらしくて、社長はやっぱりラジオ局の言いなりになろうとする。まるでフジサンケイグループ側の代理人みたくね。あっち側も、そんなに困るのなら出演そのものを拒否すりゃいいのに「『君が代』は演ってもらっちゃ困る。でも、出てもらわなきゃ困る」なんてムシのいいことを言う。

だから社長はニッポン放送までオレを連れていきながら、ずっと「『君が代』演るな『君が代』演るな」って言い続けてた。オレは「フジサンケイグループであれを演っちゃえばカッコイイし、ものすごい宣伝になるし、事務所のためにもなるじゃないか」って言い張ったんだけど、結局、泣く泣く涙を呑《の》んで他の曲を演ったんだ。そりゃ悔しかったけどね。

こういう時に対外的な交渉も説得もできない「長いものには巻かれろ」の事なかれ主義の雇われサラリーマン社長——ウンザリするほど日本的だけど、そんなこんなで社長のそんな体質が徐々に露呈してきちゃったわけだ。

《社長交代劇》のあっけない幕切れ

別にそれが悪いわけじゃない。日本の企業風土やビジネス環境には、そういう調整役的な体質が合ってるのかもしれない。でも、大企業ならともかく、零細ベンチャー企業ならもうちょっと押しの強いハッタリかませるくらいの社長じゃなきゃ、とてもやってけないと思う。まあ、これは人事ミスなんだろうけどね。

もともとレコード会社から予算を取ってきて年にアルバム何枚、シングル何枚……っていうやり方しか知らなかった人なんで、インディーズでやっていくことになった時、どうしていいかわからなくなっちゃったんだな。インディーズなりの戦略っていうのが全然イメージできなかった。

『秋の十字架』の時には、今度は「会社の有り金全部使ってプロモーションしよう」ってことになった。「会社が潰《つぶ》れたっていい」ってくらい。で、ツアーはスタイリスト同伴にして——それまではスタイリストも全部自分でやってたんだ——社長は会社に残ってプロモーションに全力をあげるっていう方針になった。でも、結局、小さな事務所の宣伝費なんてたかが知れてるから、深夜のテレビスポットや雑誌広告をチョボチョボ打っただけで終わっちゃって。そういう方法しか考えつかなかったんだな。で、当人はもっぱら自分の再就職のプロモーションに精を出していた、と……。

結局、ツアーの最中の一二月に「辞めたい」って言われて、それからが大変。法律的には三月の年度末まで残務処理が山ほどあるわけで、税理士さんとこに相談に行ったり後任を探し回ったり。「独立」ってのは、そういうことでもあるんだ。

でも、ガックリきちゃうよな。せっかく独立して自分たちの会社をつくっても、結局、社長が「レコード会社に所属」してる気分でやってたら、なんにもならない。あっち行って「へーこら」こっち行って「まあまあ」……。で、インディーズになったらもうワケわかんなくなっちゃって。

独立で問われる個人の意識

つまり「独立」すると、そういう個人の資質やキャラクターがモロに前面に出てきて、決定的な要素になってくる。大きなシステムの流れの中なら、だれがやっても同じような問題が、全部スタッフ個人の資質や裁量の問題になってくるんだ。

だから、だれが何をやるか、だれと組むか、それを自分がどう判断するかが常に問われるようになる。意識も「独立」しなきゃ独立したことにはならない。ちょっとした意識の違いが、全体の流れを左右するようになってくる。

これは逆に言えば、個人の影響力が大きくなるわけだから、もちろん才能や個性を発揮できる余地が広がるというメリットなんだけど、これが逆に作用すれば命取りになりかねない両刃《もろは》の剣だ。スリルあるよ。「みんな仲良くやってこうぜ」じゃダメなんだ。

《愛》と《力》

個人が前面に出て、個人と個人がぶつかる一対一の場面が多くなれば、声がでかいやつが勝っちゃったりするもんだ。それは面白いことではあるけど、怖いことでもある。

でもね、オレはやっぱりミュージシャン以上でも以下でもないから思うんだけど、そういうビジネス上の才能とか手腕とか体質とかは、それだけでどうこう言えるもんじゃなくて、まず音楽が好きじゃなきゃ成立しないと思うんだ。つまり自分が売ろうとしている音楽をどれだけ愛しているか、どれだけ愛せるか。「こいつのためなら、この音楽のためなら」っていう気持ちがあれば、そう簡単にレコード会社やラジオ局の言いなりになんかなれないと思う。自分が「これを絶対に売りたい」と思うなら、どんな手を使ってでもそれが一度でも多くオンエアされる状況をつくり出したいと思うはずだと思う。そう思うからこそ声もでかくなるんであって、ただ単に声がでかきゃ通るってもんじゃない。まあ、中には、ただ単に声と態度がでかいだけの辣腕《らつわん》マネージャーもいるけど。

まあ、プロのミュージシャンの立場から言えば「愛はなくても力は持っててほしい。できれば両方持っててほしい」ってのが本音だ。あまり思い入れが強すぎるのも、なんだかうざったいし……。まあ、そんなタイプはもう今じゃ少なくなってるというより絶滅種に近いんだけど。

《数字の世界》との闘争

とにかく音楽の世界も、何もかもが数字だけで計られる「数の論理」に支配されちゃってるからな。「オトナになる」っていうことは数字ばっかり数えるようになることかと思うくらいだ。ロックがビッグビジネスになってきたプロセスも、結局いろんな価値が数字に変換されてきたプロセスだからね。いろんなものがなにもかも「数字の世界」に取り込まれていく。もちろん商売なんだから損得勘定は絶対必要なんだけど、だからこそ「ここから先は損得抜きで譲れない」っていうものを持っていないと、あっちの世界にどんどん取り込まれていっちゃうんだ。

そうなってくると、もう音楽への愛だの情熱だのってものまでが「数の論理」に屈してしまう。「そう言われましてもねえ、こういうデータが出ちゃってるわけでして……」とか「ウチはもうこういうパーセンテージでやってるもんですから、まあ無理ですねえ」とかになっちまう。愛も情熱も報われなくなっちまう。いや、もうすべてがそういう世界になりつつある。

独立というのは、そういう世界からの独立なんだよ。そこが難しい。

《数字の奴隷《どれい》》たちの生態

たとえばレコードの流通システムの中で、ミュージシャン側と制作会社の間に「愛と情熱」が成立しても、それがまたその先の段階に進んで販売のレベルになると「数の論理」が幅を利《き》かせる。

「まあ、こういう実績データがありますので。この数字はこちらの一存では動かせないんですよね」と。そうなると、そこから逆流してきて愛や情熱なんてものは圧殺されてしまう。システムは全部つながってても、そこを流れるのは数字だけで愛や情熱じゃない。

「前回は最終的に一〇〇だったんで、まあ今回は六五ってとこにしときましょうよ。それで売れればまた増やせば……」というクールな世界。

実際にそれ以上バーンと売れて「そら見たことか。ざまー見ろ」の結果になっても、システムは「ああ、そうでしたか。そう記録しておきましょう」としか反応しない。彼らには情熱とかハッタリとかは関係ないんだよ。数字だけ。「私個人は大好きなんですけど数字的にちょっとねえ……。数字が、数字が」って、おまえは数字の奴隷かってくらい。

音楽に限らず、作り手と消費者の関係が流通システムに支配されていくというのは、つまりそういうことなんだ。まあ、薄々わかってはいたものの、こういう構造にブチ当たることができたのも、独立したからこそなんだけどね。

にしても、ここまでシステムができ上がっちゃって、すべて数字の言いなりってことになっちゃうと、この先二〇年、三〇年と音楽活動を続けていけるミュージシャンなんかいなくなっちゃうんじゃないかと思えてくる。隙間《すきま》がなくなって。

《統計ニュース》ばっかしの音楽界

だからそういう隙間を嗅《か》ぎ分けていく、見つけていく、創《つく》り出していくことも、独立の目的なんだ。業界のシステムが複雑になればなるほど、確かに「自分ではどうにもならない部分」が増える一方で、実はまだ見えないどこかに「自分でどうにかできる余地」だって生まれていないとも限らない。人間がやってることなんだから。

数字っていえば、最近ロックがニュースになるのも、ほとんど数字がらみばっかりだよね。ＧＬＡＹのコンサートに何十万人集まって何百人倒れたとか、Ｂ'zのベスト

The

アルバムが何百万枚だとか、だれそれの売り上げ総額が何十億だとか。でも、そこで何が歌われているのかとか、音楽そのものの話はまったく出てこない。

つまりあれは「音楽の話題」じゃなくて「統計の話題」にすぎないんだ。音楽そのものは話題にさえなっていない。それをだれも不思議に思わないのか？　ミュージシャンたちはそれが悔しくないのか？　自分たち自身や作品のことはなんにも話題にされずに、数字の添え物みたいに扱われてるってのに。自分が歌った歌がニュースにならなきゃ、ミュージシャンにとってなんの意味もないんじゃないのか？

数字を扱うのは業界ビジネスマンたちの仕事だろう？　ようするにビジネスマンの業績がニュースになってるだけなんだよ。今月はクルマが何台売れましたとか、今年の経常利益は何十億円でしたとか、それと同じことじゃないか。

音楽を《ニュース》にするために

少なくともオレは歌でニュースをつくった。ロックンロール・ニュースメイカーだ。「忌野清志郎の『君が代』が物議をかもしてる」っていうニュースのおかげで、歌番組には出してもらえないかわりにニュース番組にばっかりひっぱり出されて、偉い白髪のニュースキャスターやジャーナリストや海外メディアからインタビューに忙殺されたけどさ。それでも国際ニュースだ。

まあ、宣伝費も少ないしプロモーションにもカネをかけられないから、自分でニュースをつくり出すしかないという事情もあるんだけど。でも、歌ったもの、歌ったことがニュースになる——それがロックだったんじゃないかい？

ジョニー・ロットンが『ゴッド・セイヴ・ザ・クイーン』を歌ったことがニュースになる、ジョン・レノンが『平和を我等に』を歌ったことがニュースになる……。そうやってロックはニュースをつくり出してきたんじゃなかったのかい？

彼らは数字の奴隷なんかじゃなかった。『ゴッド・セイヴ・ザ・クイーン』や『平和を我等に』が何百万枚売れたとか、何十億円の利益をあげたとか、そんなことは全然ニュースになっちゃいない。そんなのはどうでもいいことだった。彼らが歌ったもの、歌ったことがそのまま大きなニュースだったんだ。

別に「社会派」になれとか言ってるわけじゃないんだ。ニュースにならなかった「社会派」だって掃いて捨てるほどいたんだから。「ニュースを歌った」やつもいっぱいいたけど、「歌がニュースになった」やつはほとんどいなかった。

訳知り顔の評論家たちは「もう時代が違う」だの「そんなのはもう流行《はや》らない」だ

のとゴタクをほざきやがるけど、そういう問題じゃないんだ。ようするにここでも事なかれ主義なんだよ。まあ、『君が代』はポリドールの事なかれ主義のおかげでニュースになったわけだけどさ。

ニュースとプロモーション

そういえばフジロックフェスティバルなんかも、もう全然ニュースにならないな。第一回の時は、台風が来て暴動みたいなことが起きて、ちょっと「事件」になったけど。ああいうのももう夏の風物詩みたいに扱われてる。自分が出てるから言うんじゃないけど、最初の頃から見たら、ずいぶんいいイベントになってると思うんだけどね。主催者の好きなミュージシャンしか呼ばないし。

でも、普通のメディアはほとんど話題にしない。せいぜいスポーツ新聞が初日だけ記事にするくらいか。あとは朝日新聞夕刊の文化欄が「フジロックが若者のガス抜きになってるなら、それでいいんじゃないか」みたいな生ぬるい記事を載せてたみたいだけど。ガス抜きねぇ……。

「だれそれの新譜が出た」というニュースにしたって、あれは歌そのものがニュースになってるわけじゃないからね。あれも業界主導の完全なプロモーションであってニュースとは違う。もちろんミュージシャンにとってはありがたいことなんだけど。それでみんなが歌を聴いてくれて、それがまたニュースになるっていうのが理想的な展開だ。ミュージシャン側としては。

それにしても最近、歌だけでひとつの事件やニュースになったのって『だんご3兄弟』くらいしかないんじゃないの？　評論家やコメンテーターが「なぜあれが今大ヒットしたのか？」なんて大真面目《おおまじめ》に後付けで分析しちゃってね。まあ、あれだって仕掛け人がいたわけではあるけど。

だれが《タブー》を守っているのか？

業界的な仕掛けじゃなくて、ミュージシャン側からの仕掛けがもっとあっていいと思うんだ。「あえて物議をかもすような挑発的なことを歌う」とか「問題になることを見越してわざとタブーを犯してみる」とか、確かになんだかあざとい面もあるだろうけど、ロックにはそういう要素が確実にあったはずなんだ。「あえてだれかを怒らせるようなことを歌う」とか「だれかを名指しで、または名前は出さないけどわかるやつが聴けばわかるようにおちょくる」とか。そういう歌ばっかりになるのもイヤだけど、そういう歌が全然ないっていうのも、どこか異常なんだよ。

まあ、歌おうとしても、その前にまず周りに止められちゃうっていう環境があるのは確かだ。オレが前の社長に止められたようにね。でも、だとしても、そういう環境にミュージシャン側も完全に適応しちゃってることの方が問題なんだよ。一見、好きなことをやってるように見えても、みんな業界的にうまく立ち回ってる。業界タブーには触れないようにしてる。

攻撃的なことを歌ってるんだけど、いったい何を攻撃してるのかさっぱりわからない。破壊的なことを歌ってるんだけど、いったい何を破壊したがってるのかさっぱりわからない。そういう歌はいくらでもあるんだけどね。

音楽メディア環境の日米比較論

アメリカなんかは今でもマリリン・マンソンみたいなのが出てきて、良識派が「子供に悪影響があるから放送禁止にしろ」とかカンカンガクガクやる環境がある。ラップにしても、保守的なやつらから危険視されることをガンガン歌ってる。それを業界側も煽《あお》って商売にしてる。ミュージシャンの周りの連中が止めたりしない。止めようとしてる場合もあるんだろうけど、少なくともミュージシャン側が自己規制しちゃうことはほとんどないんじゃないか？　もちろん彼らなりの「売れるための計算や戦略」があるわけだ。

そういうことが日本にもせめて少しはあってもいいんじゃないか？　これはレコ倫とか放送コードとかだけの問題じゃないと思う。まあ、そういうのもうざったいんだけど、それにあまりに素直に従っちゃう側の方が問題だよ。

そこで何か問題が起きたり、物議をかもしたり、トラブルが起きたりしたのなら、それを今度はみんなで考えりゃいいんだ。問題が見えるところで。

まあ、これはね、メディアの構造にも問題があるんだろうね。たとえばテレビにしたって、日本にはＮＨＫと民放の歌謡番組くらいしか全国的な音楽番組がないじゃないか。これがアメリカみたいに各家庭に普通にＭＴＶとかが流れてたら、そこに問題も入り込んでくるんだと思う。ごく健全な家庭にラップとかが流れ込んでくるわけだから、そりゃ何かが起きない方がおかしい。

ロックが隔離されている国

でも、日本ではそういうものは最初から「隔離」されちゃってるんだ。スカパーのロック専門チャンネルを家族で見てるなんて風景は、ちょっと想像できない。せいぜい独り暮らしの若者が個室でコソコソ見てるっていうイメージだよね。最初から「問題」が家庭の中に入ってこないように隔離されてるんだ。

もっとも、だったらロック専門チャンネルはもっと「ロック的な価値観」でメチャクチャなことやってもいいはずなんだけど、そっちも絶対そうはならないんだ。スカパーも民放の資本で、民放的価値観のままやってるからなんだろうな。

もちろんスカパーの視聴者もケーブルテレビの視聴者も増えてるはずだし、ついでにインターネットしか見てないやつだって増えてるはずだ。だから民放の視聴率なんて嘘《うそ》っぱちに決まってるんだけど、世の中はいつまでも民放で起きてることしか話題にしない。だから結局「何も起こっていない」ことにされちゃうんだ。ロックやJ－POPなら民放の歌謡番組がすべて。音楽情報がちっとも多様化してないんだ。

MTVとは何だったのか？

こないだTBSの日曜夜の〈CBSドキュメント〉だっけ、あのピーター・バラカンが司会やってる番組。あれでMTVの特集をやっててさ。「MTVがこんな影響力のある大企業に成長するなんてだれが想像できたでしょうか？」っていう話なんだけど。まだプロモーション・ビデオなんかろくになかった時代に、何人かの若者が始めたロックのプロモーション・ビデオ専門のチャンネルが、ロックの歴史を完全に変えてしまった……と。

まあ、MTVによってロックがプロモ・ビデオ抜きに成立しなくなっちゃって、ビジュアル優先みたくなっちゃって、あれがなけりゃマドンナなんか絶対あれほどのスターになれなかっただろうとか、アンプラグドの生ギターのブームもなかっただろうとか……それがいいことか悪いことかはわからないけど、いい影響も悪い影響も含めて、とにかくMTVがMTV自身といっしょにロックを巨大なメディアにしてきた事実は認めなきゃならない。そういうことが起きるってのは、やっぱりすごいことだと思うよ。

ＭＴＶが始まった頃、オレはちょうどハワイに行ってて、初期のプロモ・ビデオをずいぶん見たんだけど、ほとんど安手のしょぼくてくだらないビデオばっかりだった。それがどんどん面白くなっていった。あのプロセスは確かにちょっと興奮した。「マイケル・ジャクソンが黒人ミュージシャンのプロモ・ビデオの草分け」みたいに言われてるけど、そんなことはない。マイケル・ジャクソンがブレイクするずっと前から、名前も聞いたことないような黒人ミュージシャンがワケのわかんないビデオをいっぱい流してた。大物《おおもの》ミュージシャンがＭＴＶに出てくるようになって、ＭＴＶが広告メディアとして大儲《おおもう》けするようになるのは、それからずいぶん経《た》ってからのことだ。

プロモ・ビデオが流れない！

オレもプロモ・ビデオは好きだし、ロックの表現メディアとして面白いと思うんだけど、なにしろ日本じゃ流れる場面が少なすぎるからね。せっかくつくっても、そういう環境がないよね。こないだ深夜番組見てたら、アルフィーのプロモ・ビデオをアニメ使ったりしてつくってた。純粋に正真正銘のアルフィーのプロモ・ビデオらしいんだけど、見ててふと思った。「いったいこれがどこで流れるのかなあ」って。ＭＴ

Vもスペースシャワーも流さないだろうし、かといって民放で流せる番組なんてないし。

新譜が出るたびにオレもプロモ・ビデオつくってはいるんだけど、MTVとスペースシャワーくらいでしか流れないし、民放で流すのはほんの一部、たった一五秒のスポットだけ。おカネかけて面白い凝ったプロモ・ビデオをつくっても、結局、単に商品情報や販促資料の素材提供をしてるくらいのものになってしまう。しかも素材を提供して先方に「要返却でお願いします」って頼んでも「プロモなんだから」ってわけか、ほとんど返却してくれなかったりしてね。

こういう環境だと、もうプロモ・ビデオになんかカネかけるのはアホらしい、ってことになっちまうんだ。結局、もともと好きな人しか見ないんじゃ、あんまりプロモーションとして意味がないだろ。たまにちゃんと流れるとびっくりするくらいだ。

音楽がリスナーに届かない時代

だから今は新譜にしても何にしても、一曲の歌を聴いてもらうのがすごく大変なことになってる。自分の歌を聴き手に届けることがね。何百万枚っていうメガヒットが生まれて、タワーレコードやHMVにCDが溢《あふ》れ返ってるってのに、たった一曲をリスナーの耳に届けるのが一苦労。そういう隙間がなくなっちゃってるんだ。

若手のやつらなんか地方にプロモーションに行って、とにかく自分の曲を一回でも流してもらえるように地方のラジオ局を全部回ったりしてる。ものすごい重労働だよ。そりゃ確かに地道な努力は必要だし偉いとは思うんだけど、それが本当にミュージシャンの仕事なんだろうかって考えると、ちょっと頭抱えちゃうよ。その厖大《ぼうだい》な時間とエネルギーを曲づくりやバンドの練習につぎ込んだ方が、どれだけ生産的かわからない。

とにかく今は音楽もあっという間に消費されてしまうコンビニ商品みたいなことになってるから、昔みたいにファンが音楽番組や有線放送にリクエストして他の聴取者にも聴いてもらう、なんていう牧歌的な世界も少なくなってる。最近のFMなんかのリクエストも、七〇年代や八〇年代の「懐メロ」ばっかりになってて、新譜のリクエストって少ないしね。ウチのファンクラブ会報に「リクエスト番組表」を載っけて、まあ喜ばれてるんだけど、それがどれくらいの力になるのかっていうと、よくわからない。

あの『君が代』にしても、あれだけ話題になって、右翼も左翼もみんなが聴いてくれて抗議や批判がくるならいいんだけど、本当に聴いてとやかく言ってくれてるやつがどれくらいいたのかっていえば、全然見えないいんだ。

《ワンランク上》の自由と不自由

でも、それでもやっぱり「独立してよかった」と思ってることは確かだ。とにかく独立しなきゃ見えなかった世界が見えてきたわけだから。ワンランク上の自由を少しずつでも獲得してきたっていう実感はある。

もちろんその反面、それまでは見ないですんでた問題に直面しなきゃならなくなった、っていう不自由さもあるんだけど、それもあくまでもワンランク上の不自由だから。独立して失ったものもあるんだろうけど、得たものの方が圧倒的に多い。

オレが全然売れてなかった頃は、本当にもう何も見えてなくて「一発ヒットが出りゃもう左うちわで安泰」みたいに思ってたけど、そんなの冗談じゃない世界だったよ。そうなればなったでスケジュールにがんじがらめにされて、自分が何をやってるのかまるで見えなくなって……。そこで「こりゃおかしい、絶対まずい」って思えなかったら、もうそのまま御神輿《みこし》にかつがれてヘンなとこ連れて行かれて終わりなんだよ。

自転車で再会した《あの感じ》

それと、ここまでやってこれたのは、やっぱり仲間がいてくれたからなんだってことが、最近あらためてわかったんだ。最近、オレ、自転車のツーリングにハマっちゃってて「なんで今さら？」って不思議がられるんだけど、あれはね、独りで走ってる時とみんなで走ってる時とじゃ、全然違うってことに気づいたからなんだ。

独りで走ってると、自分がどのくらいのスピードで走れば目的地に着けるのかとかが、よく見えない、わからないいんだよ。途中でもう疲れちゃったりすれば「やっぱやめた。もう疲れた。帰ろう」っていうようなことも簡単にできる。逆に目的地に着いて「まだもうちょっと先まで行ってみよう」ってことにするのも簡単だ。

でも、みんなで「どっかまで行こう」って決めて走ってる時は、全然意識が違ってくる。ちょっと辛くなっても、まだまだ余力があっても「とにかくみんなで目的地まで行かなくちゃ」っていう意識になるんだよ。

これはもちろん最近始めたから楽しいっていう理由もあるんだけど、なんかそういうところが「あ、ＲＣがブレイクしてステージでむちゃくちゃ演ってた頃の『あの感じ』に似てんなあ」と思ったんだ。そうさ、あの感じ。もうすっかり忘れてた「あの感じ」を自転車で思い出したんだ。急な坂道を登ってく時なんか、もう汗だくになって心臓が飛び出しそうになる。一瞬、このまま死んじまうんじゃないかって思うくらい。そんな時、独りだったら「もうやめた」になるんだけど、仲間と登ってる時はそう簡単に勝手にやめられない。

あの頃も「もうメジャーになったんだから、これ以上頑張んなくていいや」って独りなら思ったかもしれない。でも、みんなで思いっきり登り続けてた。二時間のワンステージ終わるまでに心臓が止まりそうなくらいにね。

あれは独りじゃ絶対できない。あれは自転車のツーリングのパワーだったんだ。独りでやることと「独立」とは違う。互いに「独立」してる仲間がいること——それが最高なのさ。「あの感じ」がある限り、まだまだやっていけると思ってる。

第七章

「バンド」からの独立

「独立」についてこれまで話してきたわけだが、一口に「独立」と言っても、自分のこれまでの人生には、いろいろな段階での「独立」があった。

①まずRCとしてバンド活動を始めることによる親や学校、周囲からの独立。
②次にRCごとプロダクションを設立した第一期独立。
③そして忌野自身の個人事務所を設立した第二期独立。
④さらにそれと前後してRCそのものからの独立。

独立ばっかりしてきたわけだ。もっとも①の時は、まだ右も左もわからないガキだったし、ワケのわからないまま勢いで突っ走っちゃったわけだけど。まあ、②や③だってたいして違いはなかったが、それなりの大人の計算や判断が働いていた。ただ④に関してだけは、やっぱり自分にとってショッキングな「事件」だった。なにしろ、それまでRCサクセションというユニットでずっとやってきたのに、それが解体して、本当に忌野清志郎が一人で「独立」しなきゃならなくなったんだから。これが究極の独立だったかもしれない。

バンド内の温度差・テンション差

RCというのは、もちろんメンバーは入れ替わったけど、とにかくひとつの人格のようなものだった。「忌野清志郎のRC」じゃなくて、あくまでも「RCの忌野清志郎」だった。中には「RCは忌野清志郎が独裁的に仕切ってるワンマン・バンド」って思ってたヤツもいたかもしれないけど、実態はものすごく「民主的」なバンドだったんだよ。自分はバンドのリーダーだと思ってもいなかったし、あくまでも一人のバンドマンにすぎないと思っていた。

もっとも、だからといって「RCの無期休業」——って一応呼んでたけどね——がなにか特別に悲劇的な事件だったわけでもない。それはある意味ではごく自然に、起こるべくして起こったことだったんだ。

結局、九〇年の『Baby a Go Go』がRCとしてのラスト・アルバムになったわけだが、ずっとそれ以前からメンバー間のギクシャクは始まっていた。レコーディングしてても、あまり雰囲気良くできなくなっていた。

兆候が表れ始めたのは『カバーズ』の頃だったと思う。八八年かな。もっとも、その前年『RAZOR SHARP』のロンドン・レコーディング計画が挫折《ざせつ》したことも伏線としてあった。その時は他のメンバーが乗り気じゃなくて、結局、オレ一人が渡英してソロ・アルバムにしちゃったわけだけど。その辺からなかなかバンドとしてのまとまりが取れなくなってきていた。

『カバーズ』は、要するに「自分たちの音楽活動のルーツに一度返ってみよう」という、ある意味でビートルズの『ゲット・バック』みたいなものだった。結局、当時のRCはビートルズの末期に近い状態だったのかもしれない。もちろん当時はそんなことちっとも意識していなかったんだが、いま思えばそうだったんだな。

アニマルズ、ストーンズ、ザ・フー、クリーム、ディラン……そういう自分たちが少年時代に聴いてたナンバーのカバー集ってことで、みんなノッてくるに違いない企画だと思ったのに、やっぱりちっともノリが良くない。「あんまりやりたくない」っていうムードがありありで。「いまさらカバーなんて」とか「詞の内容が」とか、いろいろ言い分がみんなにもあったかもしれないけど、それ以前に、今のバンド活動そのものに情熱が失せているっていう雰囲気だったな。メンバー間の、自分とメンバーとの温度差やテンション差がどんどん広がっていく感じなんだ。

カネと女がバンドを壊す⁉

その原因は……本当のことはわからないな。いま他のメンバーたちに訊《き》いても、それぞれにまったく違った言い分があるだろうし。どれが正しくてどれが間違ってる、なんて言えない。

前にも言ったように、RCは一人ひとりがわりと好き勝手やってる「民主的」なバンドだったんだけど、それがバンドを維持していけないレベルにまでなっちゃったのかもしれないし、他のメンバーと折り合いをつけるのがうっとうしくなっちゃったのかもしれないし、ただ単に飽きちゃっただけなのかもしれない。まあ、バンド以外でも人間関係でそういうことはよくあることだろう。

昔、プロダクションの社長の奥田さんに「バンドが分裂する原因はカネか女のどちらかしかない。それだけは気をつけろ」って何度も言われた。確かに周囲を見回してみても、カネの問題や女の問題がきっかけで解散したり分裂したりするバンドが山ほどある。ちょっと前、ブランキー・ジェット・シティの解散をネタに、仲間と「解散話」で盛り上がったりしたんだけど、「上原ユカリんとこは女の取り合いだった」「フリッパーズもそうだったらしい」「そう言えばあそこも女だった」「いや、あいつらはカネだったはず」……ってね。そういう話題には事欠かない世界だからね。

バンド崩壊へのプロセス

でも、RCの場合は、カネでも女でもなかった。少なくともオレの知ってるかぎりはね。「自然消滅」とか「天寿を全うした」とでも言うしかない。確かにギクシャクはしてたけど、何か決定的なトラブルや摩擦があったわけじゃないんだよ。もっといろいろなことが長い間に複雑に重なった結果だったと思う。そう、もうあれから十年経《た》ったいまでも、うまく説明できないし、オレ自身もよくわからないんだ。

RCが売れ始めてメジャーなバンドになっていった時代——八〇年代の初めあたりかな——は、確かになんの問題もなかった。もちろん事務所とのいざこざなんかはゴチャゴチャあったけどね、バンドそのものはすごくうまくいってたし、公私ともに蜜《みつ》月《げつ》時代と言ってもよかった。逆境の中で「売れてやるぜ」っていう共通の目標があったり、売れてからも何も考えずに突っ走っていられるうちは、自然にバンドも結束するんだろうけど。まあ、いまだって個人的には仲悪くないんだけどね。でも、個人的に仲いいのとバンド的に仲いいのとでは全然次元が違うんだよ。

やっぱり最終的には、オレと仲井戸（麗市）さんとの関係が大きかったかもしれない。いま思えば、けっこう何年か前からチャボ（仲井戸）は自分でやりたい、自分のスタイルでやりたい、っていう気持ちを抱き続けていたんだと思う。そんなくすぶってた気持ちが、G2はわからないけど、新井田耕造が辞めたあたりをきっかけに、チャボの中で弾《はじ》けたんじゃないかな。ひとつの決心がついたというか。

新井田さんが辞めたのは「時代」のせいもあったかもしれない。八〇年代ってのはリズムボックスの時代だった。打ち込みとかも入ってきてね。で、ドラマーはリズムボックスを聴きながら叩《たた》くっていう、ちょっと倒錯したスタイルが定着してしまった。それ以前は一〇〇％自分の、自分たちのリズムで叩いてたんだけど、そんな八〇年代の感覚を経験して微妙にノリが変わってしまったんだ。アナログなリズム感覚に変調をきたしたというか、彼の好きだった「たまった感じ」みたいのがズレてきちゃったというか……。もちろん彼自身は一所懸命やってたし、音楽的なテンションが落ちたなんてことは絶対になかったんだけどね。

RC内部の奇妙な人間関係

『RAZOR SHARP』を出す前に、チャボがソロの『THE仲井戸麗市BOOK』を出して、その〝チャボバンド〟のメンバーが仲井戸、リンコ、新井田、つまりオレとG2以外のRCと、そして春日博文。そのメンバーでのツアーが、リンコさんなんかはけっこう楽しかったらしい。何度かツアーして、アルバムも二枚出してるし。で、「次のRCのアルバムは春日をプロデューサーに入れたい」って言い出したのが、リンコさんだったんだ。春日といえばとにかくドラマーに人一倍うるさいタイプだから、それで新井田くんと揉《も》め始めちゃってね……。まあ、いろいろあったんだ。

オレとリンコさんの関係っていうのも、確かに不思議な関係かもしれない。なにしろもう当時で二〇年近く一緒にやってきたわけだし、ある種兄弟みたいなものだ。もちろん兄弟ゲンカがあるように、いろいろと軋轢《あつれき》や揉めごともあったけど。で、RCが休業に決まった時点で、リンコさんの中にはチャボバンドに「移籍」しようという思惑もあったんだと思う。ところが、チャボにはまったくその気がなかったみたいで……。

そのへんはなかなか微妙なすれ違いなんだけど、仲井戸さんはああいう人だから、きっと「清志郎からリンコさんを奪うわけにはいかない」ぐらいの気持ちがあったのかもしれない。記憶は確かじゃないけど、いつかどこかでそういうことをチラッと言ってたような気がする。そういう人なんだ。

そういうすれ違いは互いのコミュニケーションで克服すればいいじゃないか、って思うかもしれないけど、あの頃はそれどころじゃなかった面もあるんだ。なにしろ第一期独立後の事務所内のゴタゴタもあったし、それぞれの個人的生活の問題もあったし。もちろん仕事では一緒だけど、個人的に頻繁に連絡を取り合う雰囲気じゃなかった。

五人も集まれば五人全員がずっと仲がいいなんてことは、普通でもありえないんじゃないか。しかも同じメンバーで一〇年だからね。オレとチャボとリンコさんは二〇年近い。オレとチャボは仲よくて、オレとG2も仲いいけど、チャボとG2は仲悪い……と、バンド内がそういう複雑な関係になっていく。リンコさんともだんだん仲悪くなっちゃってたな。長い間にはいろいろあるさ。

そういう関係が自然に飽和状態になって、まるでネジがバカになったみたく分解していく——まあ、そういうことだったんだろうな。たとえ一人ひとりは仲がよくても、なんとなくユニットとしての関係のテンションが落ちていく。

もちろんそれを感じて「このままじゃこのバンドはやばいな」って危機感を抱いて、いろいろとやってみたよ。さっき話した『RAZOR SHARP』のロンドン・レコーディングでちょっと気分を変えようとか、『カバーズ』でみんなの好きだった曲に過激な歌詞をつけて初心に帰ろうとか、そういう試みもすべては危機感があったから。

でも、「いよいよダメか」って時は、もう二〇年もバンドをやってればコミュニケーション以前にわかっちゃうものさ。そう感じたのは、確かレコーディングの最中だったと思う。

バンド消滅の「本当の真相」

でも、やっぱり一番大きいのは、それぞれのメンバー個人が子供から大人になっていく時期が、バンド活動と重なっていたことなんじゃないかな。みんなのいろんなものの考え方もどんどん変わっていくし違っていく。そういうズレがある一線を越えてしまわないうちは、なんとか仕事だけはうまくやれるんだろうけど、いったん一線を越えちゃうともう修復のしようがない。それは仕方がないことなんじゃないかな。

考えてみれば、子供時代から一緒に遊んでる仲良しグループが、ずっと仕事までいっしょにやってきて、みんな四〇歳近くになってたんだ。それぞれの関係がまったく変わらずに、同じひとつのことを同じ調子でやり続けられるほうが、よっぽど不気味じゃないか。人間としてまるで成長してないってことだろ。さもなきゃ奇跡だよ。

もちろん個人的にはものすごく仲悪いまま、バンドとしてまとまった瞬間だけは完《かん》璧《ぺき》にこなす……というのが、かっこいいプロフェッショナリズムだろうけど。実際、そういうバンドはあるだろうし、RCの晩年だってそうだったんだ。ツアーの移動中は互いにやな感じで口もききたくないのに、いったんステージに上っちゃうと「ああ、やっぱりこいつらと演ってるのは楽しい！」って思えた瞬間が、何度もあったんだ。

たとえば憂歌団なんかも、ものすごく仲悪かったらしい。とてもそんなふうに見えなかっただろ。彼らの事務所も常に揉めてたし。最後はベースの花岡くんが社長になっちゃって。バンドって多かれ少なかれそういうものなんだ。

RCは最後までバンド活動の給料は平等だったから、そういう意味での金銭トラブルはなかったはずだけど、でも、オレやチャボは曲作ってたから印税収入を含めればやっぱり差が出ていた。そういう要素がまったくなかったとは言い切れないな。本当のことは誰にもわからない。

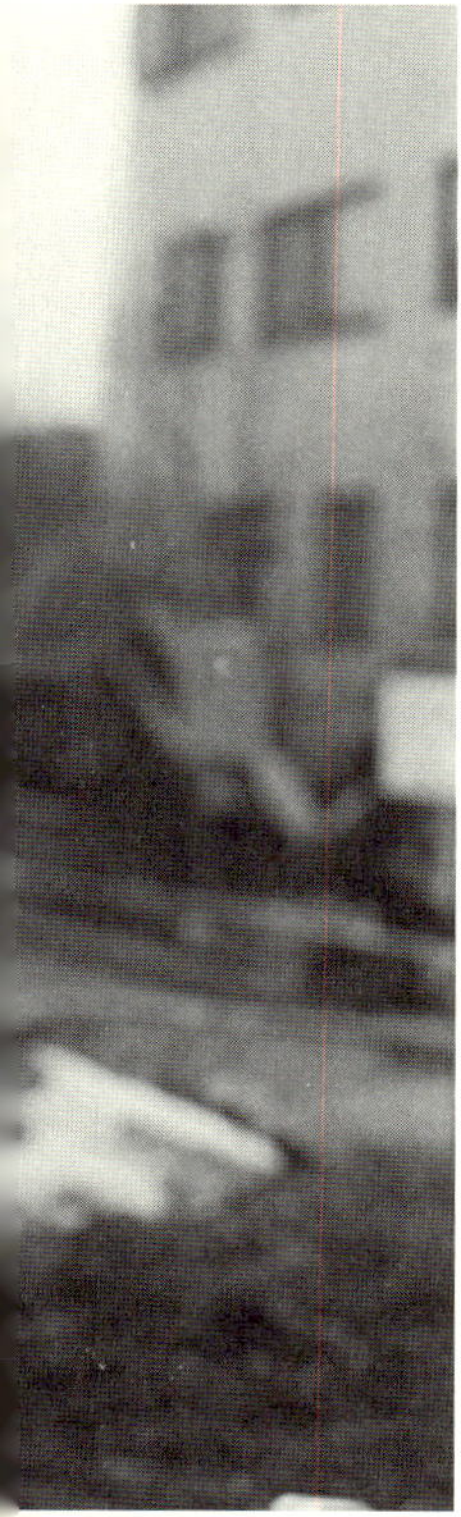

泉谷しげる、RC解散を怒る⁉

正式な解散の一年前に、すでにG2が抜けてるんだけど、その時のエピソードをいま思い出した。

G2はもう音楽があまり好きじゃなくなっちゃってた。で、長野のスキー場にこもっちゃったんだ。スキーやりたくて。スキー・ロッジが、夏場は地元バンドのための貸しスタジオみたいなものになるんだけど、そこの主になっちゃって東京に帰ってこない。スタジオ経営者みたいなものにね。

で、当時、サカタの後釜《あとがま》のマネージャー・アライと二人で、長野までG2に会いに行った。つまりは「クビの宣告」なんだけどね。きっぱりと辞めてくれ、って言うために。オレが運転するクルマの中で、アライに言ったんだ。「これでG2が抜けて、事務所も潰《つぶ》れて、もしもRCも解散なんてことになったら、泉谷（しげる）に怒られっぞ〜、おまえ」って。なぜRCのマネージャーが無関係の泉谷に怒られなけりゃならないのか？　泉谷は古井戸が解散した時、古井戸のマネージャーをぶん殴った前科があったんだ。「古井戸が解散したのはおまえのせいだ！」って。関係者でもないただの「ファン」として。ムチャクチャだけど、それが泉谷さ。だからRCが解散する時も、きっとやつのことだから同じことをするだろう、って。

結局、一年後にRCが解散した時、社長・アライはトンズラするわけだけど、それは泉谷が怖かったからじゃなくて、会社のカネを使い込んだのがバレたからだったらしい。というわけで事務所問題とRC問題——つまり第二、第三の「独立」は、ほぼ同時に起きたってわけだ。

ちなみにG2は「辞めてもらうことになっちゃったんだけど……」と話を切りだしたら、一応驚いてはいたけど、薄々わかってた感じだった。少なくとも「まだやる気がある」という様子はなかったから。でも、それも仕方のないことだ。

清志郎はRCに失恋した⁉

マネージャーがそんな状態だったから、解散はスタッフや関係者の間でも暗黙の了解事項だった。驚くもへったくれもないし驚いてる場合でもなかった。むしろ驚いてたのは、以前の関係者。破廉ケンチとかサカタとか。オレんちに押しかけてきて「もう一度考え直したほうがいいんじゃないの？　しばらく休業ってことにして、また復活するためにオレが頑張るから」って言う。だから「いや、頑張らなくていいんだよ。やっとやめられたんだから。いいんだから頑張らなくって」ってなだめた。解散なんて冗談で、どうせまた復活するだろう、くらいに思ってた友人も多かったと思う。

でも実際、そういう気持ちだったんだ。第一期独立の時は、不安の方が多くて「みんなで力を合わせてガンバロー！」的な気分だったが、その時はもう「ああ、問題がいっぺんに片づいてスッキリした。あんな面倒くさいやつらともう一緒にやらなくていいんだ！」っていう解放感があった。

もちろんそれだけじゃないけどね。なんて言うか、確かに失恋した時の気分に似てたな。バンドに失恋したんだよ。「オレのせいじゃないのにな」っていう後ろ向きの気分と「オレのせいじゃないんだから」っていうサバサバした気分が、複雑に絡《から》み合ってて。もちろんRCというバンドに愛着がなかったと言えば、絶対ウソになるから。そんな気分が、ずっと一年くらい続いた。そう、後遺症だな。なにしろ一〇代の時からずっと、二〇年間も連れ添ってきたバンドだったから。重たい時間さ。

いや、連れ添ったというより、それが自分の一部であり、自分がそれの一部だったわけだから、大袈裟《おおげさ》に言えば「身を切られるような思い」「自分の中にぽっかり大穴が空いた気分」もあった。ラクになったけど、つらい。つらいけど、ラクになった。

ようするに失恋や離婚だな。その気分をほんとに正確に表現するのは難しい。だからこそ、いまだに失恋の歌が山ほど作られ、歌われ続けているんだから。

でも、そういう状況だったからこそ、スムーズに「過去から独立できた」とも言える。過去をズルズル引きずりながら、過去のコピーみたいなことを延々と続けてくらいなら、いっそその機会にすべてをご破算にしたほうがいい。

そのちょっと後、ブルーハーツの真島くんがウチに遊びにきて「バンド解散してうちの仕事独立したいんだけど」って相談を持ちかけられたことがあった。「ご高説お伺いしたい」って感じで。なんだか独立コンサルタントみたいだ。で、「独立もいいけど大変だぞぉ」って先輩面《づら》して脅かしてやった。でも、ちゃんと自分の知ってることは懇切丁寧に全部教えてあげたけど。そしたら後で「ブルーハーツの件は忌野が陰でそそのかしたことだった」みたいなことを言われたけどね。

タイマーズとは何だったのか⁉

本当の大失恋をした後は、さすがにすぐ気分を変えて新しい相手を探す気になれないものだろ。ＲＣ解散後の一年間は、新しいバンドを始める気分にはなかなかなれなかった。

こう言うと「タイマーズは？」って訊かれるかもしれないが、あれは一応「実在の忌野清志郎とは無関係」な存在だからねぇ……。

まあ、いいか。それじゃ話は前後するが、ここでひとまずタイマーズの話でもしよう。

結局、『カバーズ』がちょっとした事件になって、オレ一人だけが頭来てた。「ふざけやがって。もっと事件を起こしてやる」ってわけで、もう一度メンバーを誘った。「あれよりもっとひどい曲作ってるからそれやらないか？」って。そしたらみんなあまりやりたそうじゃなかったんだ。「ああいうのもう、そんなにやんなくていいんじゃないの」って感じで。まあ、こういう場合よく「音楽的方向性の不一致」なんて言い方をされるけど、まだそこまでの自覚はなかった。だったら今度は一人で勝手にやってみるかってわけで、三宅（伸治）たちに声をかけてタイマーズができたんだ。

つまりタイマーズは、本来RCでやりたかったことなんだ。RCでやれてたらタイマーズは生まれていなかった。偶然の産物だね。

でも、あれを当時のRCでやれてたとしても、あれほどの勢いは出なかったと思う。なにしろ「大麻が大好き」とかバカなこと歌ってるし。あれをRCのツアー中にバスの中で聴かせたりビデオ見せたりしたら、怒り出すやつもいたから。「そ〜んなこと歌っちゃだめだよ！」って。

タイマーズは忌野清志郎の計画的策略によるプロジェクト――みたいな評価もあったみたいだけど、実は行きがかり上あいう形になっちゃっただけの話。結果的にはなかなか不思議で楽しいパフォーマンスになったけど。

親父になったらロックは卒業⁉

あの頃からスタジオが大好きになっちゃってね、暇さえあればスタジオにこもっていたいと思うようになった。

タイマーズはすごかった。なにしろ三〇日間休まずぶっ続けで四〇曲も録《と》っちゃったんだ。一日三曲くらいレコーディングして、家に帰って三〜四時間でまた翌日に録る曲をつくる。そして二〜三時間寝てから飛び起きて、スタジオ行ってまた録り続ける。すごい生活だった。夕方からスタジオに入ってると、そのうち夜中になってスタジオの職員たちが帰っていく。それからもず〜っと朝までやってて、今度はその人たちが出社してきて、それでもまだずっとやり続けて、また彼らが帰っていく。そういう信じられない光景が繰り返されてた。異常なハイテンションだった。

なんでそんなムチャクチャな生活ができたかというと、実はその頃妻が妊娠してたんだ。で、「子供ができちまったらもうロックはおしまいだ！」という思い込みがあったから。「もうオレには残された時間がないんだ！」って。

なんでそんなふうに考えちゃったのか、いま思えばよくわからない。一種の強迫観念に取りつかれてたのかもしれない。「子供ができたらもう親父にならなきゃいけないからロックは卒業」って杓子《しゃくし》定規に信じちゃってたんだろう。もちろん全然そんなことなかったんだけどね。子供ができたってロックし続けてるロックンロール親父は、当時だって大勢いたし。まあ、頭ではわかってても、それが自分の身にふりかかるとなると、また勝手が違うんだ。

親父になってロックが終わっちゃったら、できることを探して、たとえば作曲家になって軟弱な曲を作れるカラダになって細々とやってくしかないか……なんて漠然と考えてた。タイマーズのああいう曲は、つまり「軟弱な曲を作れるカラダになっちまう前の最後のロック馬鹿力」みたいなものだった。死期を悟った人間が最後の力をふりしぼって、ありったけの遺作を残すようなな。だから何も怖くない。タイマーズはそんな追い込まれた異常な心理状態から生まれたんだ。

もっとも、そうやってレコーディングしてたのは、ようするにデモテープ。内容が内容だけにレコード化の話はなかなか進まない。しょうがないから自分でラジカセで二〇～三〇本コピーして、RCの年末ツアーの時に各地の友達に配ってた。「いまこういうの演《や》ってんだ」って。そしたらいつの間にか海賊盤が出てた。年が明けて、ようやく正式にゴーサインが出てロンドンでレコーディングしたんだ。タイマーズの裏にはそんな壮絶なドラマが秘められていたわけさ。

清志郎とゼリーさんの怪しい関係

その頃ももちろん事務所はムチャクチャだったんだけどね。社長の使い込みが発覚したりして。でも、タイマーズのツアーは最高に楽しかったな。

もう子供も生まれててオレもお父ちゃんになってた。で、一歳にもなってない子供をツアーにも連れて行って、楽屋で「高い高～い」なんてやってもうデレデレの親バカ親父やってる。「カワイイね～」なんて頬ずりしたりして。で、タイマーズになってヘルメットかぶってステージに出ていく直前まで、子供を抱っこしてあやしてるんだ。ところがその直後には、観客の前で「バカヤロー！」なんてムチャクチャなことを演ってるわけだから、その落差が我ながらとんでもない。「オレってすげえな〜」って思った。一年前のあの強迫観念や焦《あせ》りはなんだったんだよ？

覆面バンドっていうものに対する憧《あこが》れも確かにあった。別にやむにやまれぬ事情で素顔を隠して「謎《なぞ》のゼリーさん」になってたわけじゃない。昔よくアメリカやイギリスに覆面バンドがいて、実は有名なミュージシャンたちなんだけど、素性を隠したままヒット曲出しちゃったりして。そういうのにずっと憧れてたんだ。

それに別人になってみたいという変身願望もあっただろうね。子供ができて父親になったり、ＲＣが煮詰まってたりと、そういう時期のせいもあったかもしれない。忌野清志郎じゃない別の人格になって、忌野名義ではできないことをやってみたかったんじゃないかな。だからすごく解放感もあって面白かった。フジテレビの『夜のヒットスタジオ』での事件にしても、あれはスタッフにも内緒で四人だけでやったこと。リハーサルも「メンバー以外出入禁止」の貼《は》り紙してね。

覆面バンドの異常な行状

タイマーズはツアーでもムチャクチャやってた。あれはほんとにゲリラ活動だった。

名古屋かどこかでオレと三宅とローディの一人と三人で酒飲んでて、ふと外見たらすぐそこが道路工事の現場だった。名古屋って道が広いしクルマも多いから道路工事も多いんだな。もう真夜中だから現場には誰もいないんだけど、煌々《こうこう》と明かりがついてて人形だけが立ってたりして。で、酒の勢いで、現場の回転ランプやら金網やらをいくつか盗んできた。もちろん立派な犯罪だからローディは「いいんですかねぇ?」と不安そうだったが、とにかく楽屋に運んで、翌日ステージで使っちゃったんだ。なかなか効果的な大道具だったよ。もっとも、その後どっかの大学で演った時、なぜか逆に全部盗まれちゃったんだけどね。悪銭身につかずさ。

ツアー中に泊まったホテルのロビーのトイレに、赤ん坊が捨てられてたこともあった。第一発見者はオレたちのマネージャーだった。救急車がやってきて赤ん坊は無事に保護されたけどね。いかにもタイマーズのツアーらしいエピソードだろ。そんなこんなで、いつものメンバーと違う面子《メンツ》でツアーするのは、すごく新鮮な体験だった。

ＲＣ末期の頃は、さすがにいつも同じメンバーだから、飽きちゃったり煮詰まっちゃったりしないようにそれなりにいろいろと工夫してたんだ。たとえば金子マリなんかをサポートにつけたり、他のメンバーは新幹線なのにオレだけはクルマを使ったり。そういう気分や目先を変えるちょっとした演出でもしないと、ステージに上り続ける緊張感が保てなくなるんだ。

やっぱりステージで演ってる時間は密度が濃くて、その合間の時間はまるで魂が抜けちゃったような状態になる。レコーディングとは全然違う感覚だ。やり直せない一発勝負だしね。ツアーの空き時間は「退屈」してるって前に言ったけど、あれはそういう意味だよ。その時間に曲ができることもあるけど、あまりそういう状態じゃない。

そのかわりツアーに出る前はノリが悪くても、ツアーが進むうちにだんだん楽しくなってくる。どうもそういうものなんだ。

改善不能（？）のバンドマン体質

タイマーズは結局、実質二年間この世に存在していた。当初からあくまでもほんの一時的なワンショットのつもりで始めたんだけど、意外に長引いちゃったのは、やっぱり面白かったからだろうな。日本ではそういうことって、なにか特別なイベントか利権絡みでもないと実現しないけど、別にそれほど難しいことじゃないんだ。その気さえあれば。

実際、タイマーズの場合も、個人的に電話だけで結成が決まっちゃったんだから。

もちろんみんな事務所も違うけど、ややこしい問題はなかった。まあ、たまたまなのかもしれない。事務所によっては契約の関係でトラブルになるケースもままあるのかもしれないが、要はミュージシャンがその気になりさえすればいいんだ。どうせ事務所もムチャクチャだったりするんだから。

タイマーズが楽しかったのも、ある意味で無責任だったからだ。最初からどうせ一過性の活動と決めてたから、それを維持しなきゃいけないプレッシャーとも無縁だった。その点がRCの場合と決定的に違ってた。

RC解散後は、新しいバンドをつくろうという気になかなかなれなかった。具体的なプランもなかったし考える気にもなれなかった。前にも言ったような空白感と解放感でいっぱいで。

当時の事務所の経理やってる女性が姓名判断してくれて「あなたは四〇歳で独立すると最高の人生が開ける」んだと言う。信じる信じないじゃなくて「そういうことにするか」って気分で、そのままソロでやってく決心をすることにした。

そんな時たまたま糸井（重里）さんから『パパの歌』の歌詞がファックスされてきた。スタッフはみんな「全然良くない」って言うけど、オレはもう「なんでもいいや」って気分で取材の合間のクルマの後部座席でそれに曲をつけた。そしたらそれが

ＣＭに使われてヒットしちゃった。ヒットしてテレビの出演依頼が来てもバンドがない。どうしようって話になって、その場しのぎの即席バンドをローディの中曽根くんと知り合いのハイロウズの大島くんとででっち上げた。それが２・３'Sの始まりだった。

でも、もうＲＣの二の舞はごめんだっていう気持ちがあるから、あくまでもソロ活動のためのバンドと割り切ってた。「オレがソロで君たちはバックなんだ」っていう暗黙の了解があるはずなんだけど、ツアーで回ってるうちにバックの連中が「ここはこうした方が……」ってアイデアを出すようになる。で、オレもそこはソロとしてもっと仕切りゃいいのに「そうだなぁ」なんて受け入れちゃう。で、気がつくとやっぱりいつの間にかバンドになっちゃってるんだ、不思議なもので。

結局、オレは厳密な意味でのソロにはなれない、根っからのバンドマン体質なのかもしれないな。「独立バンドマン」……それも悪くない。

第八章

決めたのはオレ自身

まあ、これまでロックで独立する方法を二〇〇ページも使ってドカドカうるさく話してきたわけだが、泣いても笑ってもこれが最終章らしいんで、話し忘れたことをいくつか補足しながら、主に《創作＝曲づくり》について話そう。

スランプに陥るロック・ミュージシャン

こういう仕事をしていて一番つらいのは、やっぱり必ずスランプというものがあることだ。まあ、たとえばプロのスポーツ選手なんかと、そのへんは近いかもしれない。好不調の波があっても、サラリーマンなら毎月なんとか給料がもらえる。でも、松井が打てなくなったら、松坂がまともに投げられなくなったら、たちまち「選手生命の危機」が訪れて路頭に迷うことになりかねない。イチローや野茂だって同じことだ。プロの自由労働者は、才能や技術が枯れてしまったら一寸先は闇《やみ》、というある種ギリギリの生き方を選択した人間なんだよ。

オレみたいなミュージシャンも同じだ。たとえば曲がつくれなくなったら、新しい音楽がここ（頭）やここ（ハート）から出てこなくなっちゃったら、もうそれでアウト、選手生命はおしまいなんだよ。自分の中から言葉やリズムやメロディーが出てこなくなったら、どんなに歌がうまく歌えても、どんなにギターがうまく弾けても、オレにとっては何もないのと同じなんだ。

もちろん中には昔のヒット曲を焼き直して、過去の自分をパクりながら延命をはかってるミュージシャンもいっぱいいるし、それはそれでひとつの戦略なのかもしれない。本人がそれでいいならね。

でも、オレはそんなのはイヤだ。そうなっちまったら、もう自分にとってはロックじゃなくなる。「ステージで昔のヒット曲が一番ウケる」なんていう状況に我慢や満足できるようになっちまったら、そいつはもうロックじゃないと思う。こういう考え方を「古い」と笑うやつらがいるなんて、オレは信じられない。

だから新しい音楽をつくれなくなるスランプ状態が、どれだけ大変なものか、少しは想像できるだろう。

音楽が「天から降ってくる」瞬間

たとえば、ツアーが終わった後に、よくスランプがくる。とにかく魂が抜けたような精神状態になって、いくら絞っても掘り返しても、音楽が出てこなくなる。曲も詞も浮かんでこなくなっちまうんだ。それが最低でも一ヵ月は続く。もっと長い時もある。

まあ、それはある意味しょうがないとも言える。ツアーでエネルギーを使い果たしちゃったんだから、なんとか自分にも言い訳ができる。でも、プロはそんな時にも曲を作らなきゃならないことが多々ある。

つい先日も、だれかがつくった曲に詞をつけなきゃならないっていう「仕事」があった。つまり無理矢理にでもやらなきゃいけない頼まれ仕事だ。そんな時に「今、そういう気分じゃないから」とか「今ちょっと充電期間中でアイデア浮かんでこないから」とか「オレはアーティストだから」とか言ってられない。

そんな時はどうするのかって？

そりゃ無理矢理にでもでっち上げるしかないんだよ。締め切り前には徹夜してでもね。それがプロってもんだろ。もっとも、結局、その仕事は締め切りを一ヵ月半もオーバーしちゃったんだけどね。

でも一番いいのは、スランプがきても大丈夫なように、調子のいい時に曲をつくりためてストックしておくことだな。打点や打率を稼いでおくみたいに。RCが急に売れ初めて、アルバム用に大量に新曲が必要になった時も、書きためたストックがたくさんあったからそれほど困らなかった。売れなかった時期に、レコーディングの予定もないまま、とにかく曲だけはいっぱいつくっといたから。「いずれ使える時がくる」と信じてはいたけど、あれほど見事に役に立つとは思わなかった。下積みとは、キミ、そういう時のためにあるんだよ。今だって、すぐにレコーディングできる未発表曲のストックは、まだまだ山ほどあるよ。

とにかく曲ができちゃう時ってのは、ほんとに〝天から降ってくる〟としか言いようのない時があるんだ。頭の上からスイスイ降りてきちゃう、降って湧《わ》いちゃうみたいなね。ギターをつま弾いて歌ってるうちに、自然に歌になっちゃう。そんな時は、ノートに書き留めたりするヒマもなくて、あわててラジカセに録《と》らなきゃいけなくなる。そりゃもうスリリングな瞬間だね。

八百屋オヤジの芸術的教訓

たとえば、憶《おぼ》えてるのでは『世界中の人に自慢したいよ』とか『涙あふれて』(FULL OF TEARS)とか『エンジェル』とか、最近では『瀕死《ひんし》の双六《すごろく》問屋のテーマ』とかは、確かにそんなふうにしてできた曲だった。一から十まで〝降りてきちゃった〃曲。〃降りてきちゃった〃ものを加工したり手直ししたり、スタジオでアレンジしたりして完成、っていうのが普通のパターンなんだけど、その時はほとんどなんの手直しもせずに、そのまま完成しちゃったんだ。何かが取りついちゃったみたいにね。

ちょうど「独立」した頃、近所に八百屋さんがあってさ、もう潰《つぶ》れちゃった店なんだけど、その八百屋のオヤジさんが、こんなことを言ってた。「芸術家はね、うしみつ時ってのが大事なんだ」って。変なオヤジだよね。「うしみつ時って、何時ですか？」って訊《き》いたら「たぶん一時から三時くらいまでの間じゃないかな」って教えてくれたんで、妙に印象に残ってる記憶なんだけど。

そのオヤジさんてね、旧日本軍の兵隊として中国に行ってた人で、その頃の話なんかもいろいろしてくれた。「日本軍とアメリカ軍とじゃ敬礼のしかたが違うんだ。日本はこうでアメリカはこうで……」とか、「日本軍が中国で悪いことしたっていうふうにしか伝わってないけど、私のいた軍は中国人とみんな仲良かったんだ、うまくつきあってたんだ」とか、「私だって楽器ができる。なにしろ軍隊でラッパ吹いてたんだからね」とか。すごく面白い人だった。潰れちゃって残念だけど、「うしみつ時が大事」っていうオヤジさんの遺言は忘れないよ。いや、まだ生きてるかな。

確かに、自分でもびっくりするような、全然考えていなかったような歌詞やフレーズやメロディーがスラスラと〝降りてきちゃう〟ような時、ふと時計を見ると、夜中の一時や三時あたりだったりする。

ボスはちっとも悩まない

特にタイマーズの頃なんかは、もう後から後から〝降ってきた〟。アルバムに収まりきれないくらい曲が溢《あふ》れちゃって、大洪水状態。なにしろ、それまで普通じゃとてもリリースできないような曲を平気で演《や》れるようになってたから。だから、それまで溜《た》まってたものが、堰《せき》を切ったように溢れ出してきたんだろうな。

もちろんそういうのは、ほとんど独りの時が多いんだけど、たまに誰かといっしょに曲をつくってる時にも、そういう状態に突入しちゃうことがある。三宅（伸治）は「ボスって全然悩まないんですねえ」って驚いてたけどね。最近はますます「もう何歌ったってかまわねえや」っていう気分なんで、それにいよいよ拍車がかかってきた。

きっとなんの自己規制もなければ、音楽なんていくらでも降って湧いてくるんだろうね。自分を自分で縛っちゃうから、音楽が悩み多いものになっちゃうんだ。

とにかく後先考えずに、その瞬間に降って湧いたものを、その場でなんとかしちゃう。これがベストだね。翌朝になっちゃうと、もうその瞬間の気持ちがどっかに行っちゃってるから。詞だけ書いて、後は明日にでも完成させようとか思っても、翌日読み返したら、もうなんだかピンとこない。その場の勢いで全部つくっちゃうのがいいんだ。酒でも飲みながらね。まあ、オレの場合は、そういう時はほとんどシラフじゃないんだけど。

もちろん逆に、スタジオでセッションしながら一曲を作り込んでいく、っていうケースもある。ロッ研（ロックン・ロール研究所＝九四年設立のプライベート・スタジオ）ができてからは、時間に糸目をつけずに一日がかりで一曲、なんてこともあった。もちろん、そうすればアレンジからレコーディングまで一挙にでき上がっちゃうわけだけど、それはやっぱり〝作ってる〟っていう感じで、〝降りてきた〟曲とはどこか違うものになる。まあ、それはそれで面白いんだけど。

うしみつ時と脳内麻薬とデモテープ

とにかく曲ができ上がっていくプロセスは、通り一遍じゃなくて、いろんなパターンがあっていいと思う。でも、基本的には、独りでいる時の孤独な作業。それもうしみつ時のね。

そうそう、『選挙ソング』なんかも、うしみつ時にふと〝降りてきた〟曲だったな。あれは翌日が新曲のリハっていう日。もう新曲も十分あって、もうこれ以上なくてもいいやって状態だったのに、どうしても頭から離れなくなって、もう全然眠れなくなっちゃって。だから結局、朝までかかってデモテープ作りに没頭した。

寝不足で疲れてると、ほら、例のあのハイな状態になるだろ。だれでも経験があるだろうけど。もうあれはシラフじゃないんだね。確か脳内麻薬が大量に分泌されたりするんだろ。そもそも音楽みたいに感覚的で、しかもオレみたいに理性がジャマなものを作ってる人間には、ああいう「うしみつ状態」が必要なんだろうな。

作詞のためのネタ帳とかメモなんかも、昔はともかく、今は全然使ってない。さっきも言ったように、とにかく鮮度が高いうちに料理しちゃわないと、もう美味《おい》しくない――最近はますますそう感じるようになってきたから。それに、メモしとかなきゃ忘れちゃうような曲なら、メモしたってそのうち忘れちゃうんだから。

まあ、はっきりしたことは言えないけど、曲と言葉がいっしょに頭に浮かんで、それが即座に記憶できちゃうっていうのも、長年の経験から身に付いた「熟練」の一種

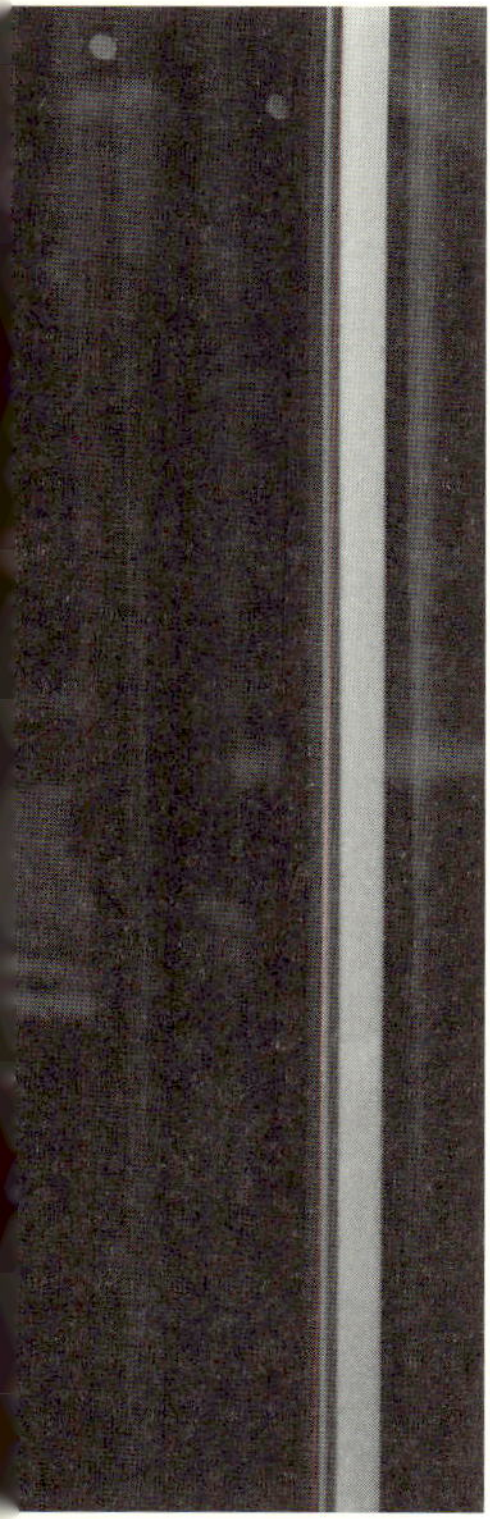

なのかもしれない。もちろん「もう何歌ってもかまわねえや」っていう開き直りのせいも大きいんだろうけどさ。

三〇年のミュージシャン生活で最大のスランプは、第一期RCが全然売れなくてホサれてた頃じゃなかった。あの頃は、確かにどん底ではあったけど、とにかく曲はたくさんつくれてたんだから。第二期RCが大ブレイクした頃の曲は、ほとんど全部がどん底時代につくった曲だった。『RHAPSODY』『PLEASE』『BLUE』『BEAT POPS』……で、『OK』あたりまできた時、つくり貯《た》めてた曲を使い果たしちゃったんだ。そう、在庫が尽きた。貯金の残高がゼロになっちまった。

「在庫」に救われたRCサクセション

まあ、それまでアルバムごとに十曲以上の「貯金」があり続けてたことの方がすごいような気もするが、とにかくあのへんで手持ちの在庫がなくなっちまった。さあ、そうなれば今度は新曲をまたつくり始めなきゃならない。

ところが、これがなかなかできないんだ。なにしろその三年間、ほとんど曲をつくってなかったもんだから、急につくろうとしても、どうつくっていいんだかわからない。曲づくりのブランクが長かったもんだから、曲のつくり方を忘れちまったらしい。

さあ、こりゃ大変だってわけで、すごい焦《あせ》った。でも、焦れば焦るほど煮詰まっちゃって、暗くなるわ鬱《うつ》になるわ……。

その頃が本当の最大のスランプだった。

まあ、とにかくヒマで困ってたバンドが、いきなり日本中をひっぱり回されるようになっちゃったんだから、じっくり新曲を作ってる時間も余裕もないし、そうなると「うしみつ時に降りてくる」なんていう奇跡も起きないわけだ。

その頃の精神状態は、まさにバッドでダウンでアウトだった。そんな時だったんだよ。オレがハワイのホテルにカンヅメになって苦しんでるのをよそに、社長が呑気《のんき》にゴルフに興じている光景が目に飛び込んできたのは。まさにあの瞬間、オレの脳裏に「独立」の二文字がくっきりと浮かび上がって、もはや抑えきれないほど膨らみ始めたんだ。

スランプのおかげで実現した「独立」

と、そう考えると、オレが独立する決心ができたのも、あのスランプのおかげだったとも言えるわけだ。あのスランプの日々がなかったら、オレはいつまでも独立なんかできなかったに違いない。そして、独立してマイペースを取り戻すことができたからこそ、もう一度、新たに音楽をつくり始めることができたってわけさ。

とにかくRCの最盛期は、忙しすぎたから。

ワンステージごとに、もう心臓が止まりそうなくらいハイテンションだった。三時間も飛び跳ねまくってるんだから。それがまた、すごい過密スケジュールで続く。何日も何日も。ほとんど日本中をあの調子で跳ね回ってる。跳ね回って日本一周、いや十周くらいする感じ。「ここはどこ？　私はだれ？」状態だった。

これは前にも話したと思うけど、あんな生活はバンドの仲間がいっしょだったからできたんだよ。独りじゃ絶対にできなかった。バンドだったから頑張れた。みんながひっぱり合い、支え合い、励まし合ったからなんとか「地獄のツーリング」を乗り切ることができたんだ。自転車でツーリングするようになって、あらためてわかったよ。

ただ、ツーリングと全然違うのは、コースもスケジュールも全部プロダクションに管理されてて、その「成果」もほとんどプロダクションのものになっちまうってことだ。たとえその時は楽しくても、やっぱりふと思う瞬間がくるわけだ――「はて、いったいオレたちはなんのためにこうしてるんだろうか？」とか「ステージで演奏するのが楽しいってだけで本当にいいんだろうか?」ってね。

だから独立した後のツアーは、どんなにキツくても、独立前のツアーとは「疲れ」の質が全然違う。少なくとも、今ここでこうしてることに決めたのはオレ自身だ、疲れることに決めたのもオレ自身だ、って思えるからね。まずビジネスがあってそのために自分がいるんじゃなくて、自分がいるからこのビジネスが必要なんだ、とも思えるし。端から見れば似たり寄ったりにしか見えないかもしれないが、こっちから見れば、それは天と地くらい違うんだ。

「息子・娘の世代」に何を歌いかけるのか?

今はとにかく、何度も言うように、ほとんど曲づくりに関して、以前のようなストレスは感じない。とにかく「もう何を歌ってもかまわない」と思ってるから。でも最近、よく訊かれる質問に、こんなのがあるんだ。

「自分の息子や娘でもおかしくない世代も相手にしなきゃならないことに、何かストレスや世代的ギャップを感じないのか?」ってね。

確かにオレのコンサートに来てくれたりCDを買ってくれたりするファンも、ずいぶん世代交代してる。彼や彼女たちのことを考えると、そりゃ「こんなこと歌ってわかるかな」と思うのはしょっちゅうだけどね。でも、もうそういうことは、どうでもいいや、って最近は思ってる。自分が面白ければいい、ってね。

「何がウケるか」っていうマーケティングの発想で曲をつくってたら、とてもじゃないけど何もつくれやしないよ。少なくとも自分に関しては、そうだね。音楽業界は八〇年代にマーケティング的にファンの動向や志向を掴《つか》もうと必死になって、まあ、それなりの成果を挙げたんだろうけど、そのかわりもっと重要なものを見失ってしまった。

ファンという正体不明のものに振り回されて、疲れ果ててしまうミュージシャンもいる。特に今は、長く売ろうじゃなくて、今のうちに売って使い捨てちまおうっていう発想が、業界の主流だからね。まあ、これはもちろんこの業界に限らないんだけど。文学だってマンガだって、きっとサラリーマンの世界だってそうだろう。

だったら、もう自分が歌いたいことを歌うのが一番正しいし、健康にもいいんだよ。それがファンであろうとなかろうと、とにかく声が届いた人だけが受け取ってくれればいい。ファンという謎《なぞ》の塊＝マスを満足させられる歌があるとしても、そんなもの考えてるヒマはない。もちろん結果的にそうなるなら、そりゃ大歓迎だけど。

「もう何を歌ってもかまわない」っていうのは、そういうことだ。前にもさんざん言ったと思うけど、オレはこれまで何度もファンに裏切られてきたし、ファンがどれだけ当てにならないかも思い知らされたし、とにかくファンとの距離の計り方に関してそれなりの体験を積んできたつもりだ。ファンてやつの正体は結局わからないってことがわかったことも含めてね。

「楠瀬誠志郎ファン」とのふれあい

まあ、若いファンていえば、確かにいまどきの女子高生がキャーキャー言って追っかけてくることもあるよ。それこそオレの娘みたいな子たちがね。で、嬉《うれ》しそうに話しかけてくるんだ。「楠瀬誠志郎さんですかあ？　ねえ、楠瀬誠志郎さんでしょう？」って。「いえ、違いますよ」って正直に答えると、「うそお！　テレビに出てる楠瀬誠志郎さんだよお！」って変にしつこいの。

まあ、いわゆる有名人ファンなんだろうけど、無理もないよね。彼女たちにとっては、おそらくオレは「キムタクのドラマ（『ギフト』）に出てた変なタレント」でしかないんだろうから。オレ自身だって「テレビで見かけたけど正体不明の有名人」を大勢「知って」るわけだしさ。そういうものだろう。

だから、たとえ相手がオレが何者かよく知らなくても、サインを求められたりすれば、時間の許す限り応じてるよ。たとえば芸能人の色紙を壁に飾ってる食い物屋とかでもね。そういう「ファン」との距離感は、そんなに嫌いじゃないしね。

そのもう一方に、オレん家をじっと監視してる「ファン」もいるしね。そういう時は管理人さんに追っ払ってもらったり、居留守使ったりして逃げるしかない。この場合は、こっちが相手の正体わからないわけだから。けっこう怖いよ。一ブロック先の電信柱の陰にずっと身を潜めて、ただじっと佇《たたず》んでるだけだったりするんだ。訪ねてくるわけでもなし、かといって帰る気配もない。一種の有名人ストーカーなんだろうけど、昔は同じ「家に押しかける」んでも、もっとオープンで無邪気なものだった。「えへっ、来ちゃいましたー」とか「キヨシローん家めっけ!」っていうノリでね。

「イッちゃってるファン」とのふれあい

前に「精神病棟からのファンレター」の話はしただろ。なんか、ああいうちょっと電波系が増えた気がする。「『十年ゴム消し』の百何十ページにこうこうこういうことが書いてありましたけど、あれはどういう意味でどうのこうの……」なんて訊かれたって、オレは何が何やらさっぱりわからない。なぜそんなことが知りたいのか、本当に知りたがっているのかも、全然わからない。たぶん本人もわからないんだろうな。『イマジン・ザ・ムービー』の中で、直接家まで押しかけてきた完全に目がイッちゃってる熱狂的ファンを、ジョン・レノンが根気強く説得して、最後は家に上げてメシまで食わせちゃうシーンがあるけど、背筋が寒くなったね。ジョンは「ファン」に対して誠実すぎたんだろうな。それでもまだあの頃（七〇年）は、もう少しは呑気な時代だったんだろうけどね。でも、オレにはとてもマネできない。

そんなイッちゃってる「ファン」ていうのは、きっと歌の中に「他のファンには聞こえないメッセージ」を発見しちゃった人たちなんだろうけど、いや、「それを書いた当人にも発見できないメッセージ」だな。そこまでオレには責任取れないし、そんなことにまで気を遣って曲を書けないし……。

これまでオレは曲の中に特別なメッセージを隠したことなんてないし、逆回転テープに「チャボは死んだ」なんて録音したこともないし、ものすごくストレートな、それこそ聴いたまんまの歌しか歌ってないはずだから、ますますこういうのはわからないよ。「あんな歌を歌うなんて、『カバーズ』にはガッカリしました」なんて言ってくるファンも「なんだかなー」って思うけど、まあ、まだそういうのはわかりやすいからね。

『ロックで爺《じい》さんになる方法』でまた会おう！

どっちにしても、あまりファンについては真剣に考えないことにしてる。「自分の本当にコアなファンはどれくらいいるんだろう?」なんて考えたこともないし、ファンの世代についてもあまり興味はない。ただ、ファンのある程度のタイプを見分けたり、彼らとの距離を保ったり、関わったらヤケドしそうなグルーピーを見抜いたり……と、そういう意味の「ファン扱い」なら、ちょっとは自信あるけどね。

どんなタイプのファンでも、とにかく聴いてくれる人がいる限り、オレは新曲を書き続けるだろうし、新曲を書き続けられるかぎり、ロック・ミュージシャンをやり続けるよ。四〇周年だろうが五〇周年だろうが、生涯ロック・ミュージシャンとして生きて、現役ロック・ミュージシャンとして死にたい。

そう言えば、まだ「老衰で死んだロック・ミュージシャン」は、一人もいないはずだ。殺されたり自殺したりドラッグで死んだりすると「ロックンローラーらしい死に方」なんて言われてきたわけだけど、それって「まだ天寿を全うしたロックンローラーがいない」っていうだけの話なんだ。現役のロックンローラーとして老人になって、現役のロックンローラーとして老衰して、現役のロックンローラーとして天寿を全うできるなら、それはそれで最高なんじゃないか。「故人は寝たきりになってもエレキ・ギターを放さず、認知症になってからも過激な新曲を書き続け、イマワのキワまでシャウトし続けました。合掌」——なんてね。

とにかくオレは、幸か不幸か——幸に決まってるけどね——ロックを「一生の仕事」として選んでしまったんだ。『ロックで独立する方法』はこれで終わりだが、次のテーマはきっと『ロックで爺さんになる方法』か、さもなきゃ『ロックで天寿を全うする方法』になるだろうな。何年後になるかはわからないが、その時まで『Quick Japan』が続いてることを祈ってるぜ。

THANK YOU, QJ-BABIES!

ライナーノーツ

山崎浩一

忌野「こないだ面白かったんだ。ウチでオレがさ、ポータブルプレーヤーで昔のゾンビーズとかキンクスとかのレコード聴いてたの。そしたらそこへ息子がやってきて、しきりに不思議がってさ（笑）」
山崎「ポータブルって、あのアナログのレコードプレーヤー？」
忌野「そうそう、デジタルじゃなくて。把手《とって》で持ち運べてドーナツ盤が聴けるやつ」
山崎「ドーナツ盤て言葉聞いたのって何年ぶりだろ（笑）。へえ、そりゃ竜平クン、見たことなかったでしょうね」
忌野「CDやDVDプレーヤーは全然不思議がらないくせに、レコードプレーヤーは不思議なんだね。『これどういうしかけなの？』って目ぇ丸くして熱心に観察してた」

山崎「ああ、デジタルじゃもう子供が不思議がれる余地ないですものね。みんなブラックボックス化しちゃって不思議が見えなくなってて……。それって機械に限ったことじゃないですよねえ」

たとえばこんなほほえましい雑談から、ある日のインタビューは始まった。そんな日常的な話題が、後の忌野清志郎となる栗原清志少年が初めてオープンリールのテープレコーダーで自分の声を聞いたときの不思議を超えた衝撃の思い出話へとジャンプしたり、はたまたＲＣサクセション時代に彼が書いた『不思議』という歌の話へとワープしたりする。雑談モードがいつインタビューモードに切り替わるのかは、本人たちにもさっぱりわからない。演奏とＭＣ、ステージと客席が渾然《こんぜん》一体となる〈キング・オブ・ライブ〉のコンサートのように……。

この本の「音源」となる忌野清志郎への六度のインタビュー取材が行われたのは、二〇〇〇年六月から二〇〇一年八月。それを山崎が構成した『忌野清志郎のロックで独立する方法』は隔月刊誌『Quick Japan（以下ＱＪ）』の三四号（二〇〇〇年一二月発売）から四一号（二〇〇二年二月発売）までの八回にわたって連載された。連載を始める前年からの打ち合わせ期間も含めれば、足かけ四年にもおよぶ、しかも世紀の変わり目をまたいだ「二世紀がかりの超ロングインタビュー」ということになる。

西暦二〇〇〇年は、彼の「バンドマン」生活が三〇周年を迎えた年でもあった。三月三日には豪華なゲストを迎えた〈RESPECT！ 忌野清志郎デビュー三〇周年記念コンサート〉が武道館を超満員にし、前年に「君が代騒動」を引き起こしたばかりのアルバム『冬の十字架』に続いて今度は『夏の十字架』が「ライブハウス／インディーズ業界騒動」を引き起こし、その一方で五月からはラフィータフィー名義で全国のライブハウスを縦断走破する〈マジカデ・ミル・スター・ツアー2000〉が開始され（その記録は杉山太郎監督のドキュメンタリー映画『不確かなメロディー』として翌年公開された）、そのさらに一方で突然自転車にハマった彼がサイクリングチーム Long Slow Distance（略称LSD）を結成して長距離ツアーを敢行する……といった、まったく油断も隙《すき》もなかった年でもある。

そんな過密スケジュールの油断と隙を縫うように、インタビューは都内各所で密《ひそ》かに続けられたのだった。とはいえ当時すでに個人事務所ベイビィズを設立し自らスケジュールを管理できる「独立」を獲得していた彼にとっては、過密スケジュールの意味もかつてとはまったく違うものになっていたはずだ。すべては彼自身が決めたことなのだ。

そして、このインタビューもまた彼自身の中から出てきた企画なのだった。『ロックで独立する方法』というタイトルまでも含めて。その背景や経緯については本文冒頭でも簡単に触れてあるけれど、あらためて説明しておこう。

「三〇周年の節目にこれまでの人生や音楽活動をふり返ってみると同時に、今〈ロックを生きる〉ことの意味についてあらためて考えてみる連載企画に協力してもらえないだろうか？」という彼からのオファーが『QJ』編集部を通じて飛び込んできたときは、正直な話、ちょっと耳を疑ってしまった。

確かに私はRCが大ブレイク中だった八〇年代前半、当時まだサブカルチャー誌だった月刊『宝島』等で何度か彼といっしょに仕事をさせてもらったことがあった。半年の密着取材のすえ『愛しあってるかい』というRCのドキュメントブックを編集したりもした。また八七年、私の著書が文庫化された折には、その巻末の解説を彼に書いてもらったこともあった。「彼なら生ぬるい文庫解説の定型や定石をブチ壊してくれるだろう」と期待して、初のソロアルバム『RAZOR SHARP』のレコーディングのため当時ロンドンにいた彼に原稿を依頼したのだ。彼は見事に期待に応《こた》えてくれた。この機会にその長いサビ部分をここに引用しておこうか。

いつもは、雑誌のインタビューなどは、ほとんどテキトーに、その場の思い付きで答える私だ。ある時はロック・スターらしく、おうへいな態度で、ある時はナイーブな芸術家のごとく内向的な性格をみせびらかすように消え入るような声で、ある時は私は一市民だが、ところがどっこい、そこいらにごろごろしているやからとは、一味も二味もちがうというような内容の答を、さも、普通っぽい口調で、またある時は、腹の底にあるとてつもない悪だくみを、たくみにおおいかくしているかのように、そこはそれ、リンキオーヘンに、その時の体調、気分しだいで、インタビュアーを適当にあしらったりしてきたのだ。

山崎くんに対しても、私の態度は同じようなものだった。

しかし、彼は、私が何をどんなふうに答えても、いつも、フショーブショーというか、何というかいつも納得してないような顔をして、シブシブ帰って行くのであった。決して怒って帰ったことはないし、喜んで帰った事もない。納得して帰ったこともない。少しの笑顔を残して、シブシブ帰って行くのだった。インタビューする前から原稿が出来上っていて、私が質問にどう答えるかなんて問題にしてなかったような態度なのだ。気に入らない。インタビューされる側としてはそういう奴《やつ》はどうも気に入らない。なんか後味が悪いんだ。「マジメに答えてやれば良かったかなー‥でも、質問がちょっとむずかしくて、よくわかんなかったしなー‥あいつは俺よりインテリっぽいなー‥あいつを煙にまくには、もっと修業しないとマズイかなー……」とか、いろいろ考えてしまうんだ。どうも気に入らないんだ。「陰で何やってるかわかったもんじゃねえ。腹の底で何を思ってやがるんだろう……」と、山崎ちゃんのインタビューの後ではいつも思ってしまうのだ。

（中略）次はいつ俺のところにインタビューに来るんだ?（原文ママ）

もちろんこればっかりじゃなく本の内容についても書いてあるのだが、この解説はある雑誌が選んだ〈八七年度ワースト文庫解説賞〉に見事に輝いたのだった。私たちが祝杯をあげたのは言うまでもない。

話を戻そう。ところが「次」はなかなかやってこなかった。私の方は仕事がしだいに音楽から遠ざかり（ちょっとロック業界というものに愛想が尽きていたのも確かだ）、彼は彼でRCの事実上の崩壊に直面する一方で、ついに平和な家庭を築くことに成功しつつもあった。その後のフォローしきれないほど変幻自在かつ八面六臂《はちめんろっぴ》な彼の活動を「おー、やってるやってる」などと無責任に見守る以外は、彼の近くにいる知人を通じて間接的にコンタクトすることはあっても、じかに顔を合わせる機会はなくなっていった。まあ、ある意味で正常なバンドマンとファン（それも「二階のやつら」）の関係に戻ったのだ、とも言える。

つまり「次のインタビュー」こそが、この空前絶後の超ロングインタビューだったというわけだ。しかも「インタビューされる側としてはそういう奴はどうも気に入らない」という相手をわざわざ聞き手に選んで、だ。「腹の底で何を思ってやがるんだろう」とは、こちらのセリフである。

「あ、キヨシローさん、すっかりご無沙汰《ぶさた》しちゃって」と、おそるおそる頭を下げると、まるでつい昨日別れたばかりのような気さくな口調と表情で「おお、ヤマちゃん、また手伝ってよ」なんて。私たちの間に横たわる「失われた十年」も、十年ゴム消しであっという間にどこかへ吹っ飛んでしまう。「この人のためなら」と頑張ってしまうスタッフやミュージシャン仲間たちの気持ちが痛いほどわかる。

その後、打ち合わせや資料収集などの準備期間を経て、二〇〇〇年半ばから長時間のインタビューまたは濃密な対話が六回くりかえされた。編集部の取材データによれば、時と場所は次の通り。

【1】00年6月22日【2】7月13日＝以上＠ポリグラムレコード会議室（池尻大橋）

【3】8月31日【4】10月31日【5】01年2月21日＝以上＠ベイビィズ応接室（代々木上原）【6】8月20日＠一橋大学キャンパス内＆隣接する喫茶店内（国立市）

取材参加者＝忌野清志郎、小山哲（ベイビィズ・マネージャー）／山崎浩一、北尾修一（太田出版『QJ』編集長）、村上清（太田出版編集部）

さすがに時間の記録までは残っていないが、代々木上原から真っ暗な井の頭通りを自転車を漕《こ》いで帰った記憶があるので、深夜におよんだこともあったのだろう。仮に一回が少なくとも二時間三五分だとしても総時間は一五時間半ということになる。「こんなに長いインタビューは初めてだぜ」と彼が言ったかどうかは忘れたけれど、それもまた彼自身が決めたことなのだ。

当時はフリーターという「職種」もすっかり定着し、海のむこうの英国ではニートという新語もヒット中だった時代。漠然とミュージシャンなどを志望しつつもフリーター生活をズルズルと続けている若者が、ちょっとした社会問題じみた論じ方をされていた。『QJ』読者の中にも少なくなさそうなそんな若い読者たちを想定し、《忌野清志郎が過激なまでの具体性をそなえた体験的メッセージをじきじきに彼らに贈る超具体的人生論》……それが私たちの決めた設定だった。なにしろ彼自身もまた「一見」彼らと重なり合う体験を共有しているはずだったから。でも、私たちは「けっして重なり合わない部分」こそを明らかにしたかった。いったいアレとコレとでは何が違っているのか？　才能の問題なのか？　時代のせいなのか？　それとも意志や情熱か？　だとすれば意志や情熱はどのように発生し持続できるものなのか？

おそらく彼自身も彼の「力がありすぎる歌」とはまた違う具体性を持つ、ひとまとめのメッセージを若いやつらに伝えておかなければいけない責任世代にさしかかったことを、無意識に自覚していたのかもしれない。それはかつて「一人前に思われたくないから家庭は持たない」などとうそぶいていた彼が、二児の父＝教育者になったことも無関係ではなかったはずだ（そして奇《く》しくも私もまたこの取材の渦中に父親になった。そのためインタビューはしばしば親バカ合戦の場と化した）。

ただしこれは「彼が子供たちを煽《あお》ってきた責任」などという意味ではもちろんない。彼は「やっちまえ」とだれかを煽ったり説教したりする歌など歌ったことはなかったし、自分が責任主体であることから逃げられない場に身をさらして歌ってきたはずだ。だからこそ彼の歌はいつも具体的だった。目的語の曖昧《あいまい》な〝〈「カゲキ」〉〟な煽り文句などひとこともなかった。だからこそ彼の歌はカラオケには馴染《なじ》まない。あまりに具体的すぎるから。

私の役割は、彼から飛び出してくる時には断片的だったりもする言葉の群れを、すべて漏らさずすくい集めて、彼のライブな声とリズムとグルーヴをそなえた一連のメッセージに再構成することだった。少年時代の彼自身が大嫌いだったというあの魂を絞り出すような声と、フォーク時代からブレることのなかった腰が痺《しび》れるようなリズムとグルーヴ。ただし勢い余って攻撃的になりすぎないように……。

そもそも素の彼の言葉には攻撃性のカケラもない。世間やシステムを批判するときも、口調こそやや乱暴でも表情は嬉々《きき》とし物腰は飄々《ひょうひょう》とし、生身の人間に対して攻撃的になったりはしない。マネージャーを雑用係としか思っていない人間が、マネージャーの死を『ヒッピーに捧《ささ》ぐ』のような歌にして、しかもあんな歌い方ができるわけがないのだ。彼が個人に人格攻撃をしかけたことがあったとすれば、それは『人間のクズ』や『世間知らず』……そう、自分に対してだけだった。彼をことさら「良《い》い人」にしたいわけじゃない。ただ、そういう人なのだ。

さて、今さらなのだが、やはりここでお詫びしなければならない。著者にも、読者にも。彼に「いっしょに本をつくろう」と誘ってもらっておいて、結局その約束を二〇〇九年五月二日以前にはたすことができなかった。それだけはどんなに責められても言い訳できない。「陰で何やってるかわかったもんじゃねえ。腹の底で何を思ってやがるんだ」と空を引き裂いて怒鳴られてもしかたがない。ひとえに私の不徳と非力と無能と怠慢、そしてロックビジネスとブックビジネスの……いや、だれかのせいにするのはよそう。こんな複雑な気分で本のあとがきを書いたことはなかった。それでもこうなってしまったからには、遅すぎた約束を一日でも早くカタチにすることこそが精一杯の罪滅ぼしだと信じることにする。

「椅子《いす》にすわって地味に復活するのかと思ってたけど、バンドに戻れて本当に幸せだぜ！」と彼は昨年、武道館の《忌野清志郎完全復活祭》のステージで声をはりあげた。

結局、大好きなバンドに束縛されることこそが生涯一バンドマンの独立であり自由であり幸福だった――見事なオチでした、キヨシローさん。その声とその命との究極の選択を迫った役立たずの神様に、よろしく。

『Oh! RADIO』を遠くに聴きながら　二〇〇九年六月二〇日

文庫版ライナーノーツ

著者・忌野清志郎が不在のこの一〇年間、ずっと心の片隅にひっかかり続けていた。本書『ロックで独立する方法』の原著ハードカバー版を、遅ればせながら世に送り出せたとはいえ、その仕上がりは著者が当初イメージしていたものになりえたのだろうか、と。

特に気になっていたのは叙述法の不整合だった。試行錯誤しながらの連載だったため、とりあえず第一章は問答形式で構成しておいた。その後「う〜ん、これだと読者にダイレクトに響かないかも」と著者と相談のうえ、第二章からは著者が読者に語りかけるモノローグ形式に変更した。「本にする時にささっと再構成すりゃいいや」と。ところが、そう、そんな余裕も才能も構成者にはなかったのである。結局、不統一な構成のまま原著は出版され、構成者はその苦しい言い訳を原著に書き添えるハメとなる。結局、この不全感・残務感はその後一〇年間、のどに刺さった小骨のように構成者の心の片隅をチクチクと責め苛《さいな》み続けたのである。

そんなわけで今回、本書が新潮文庫の一冊に加えられることは、やり残した仕事と約束を完了させる天恵のような機会となった。この文庫版では第一章をまるまる再構成し、冒頭から著者のホットなメッセージがよりストレートに伝わるよう改訂することができた、と思う。「ロック的な正しさ」に対して律儀な人だった著者も、きっとOK, baby と言ってくれると信じる（そういえば「ロック的な正しさ」をイニシャルにすると「RC」になる）。もちろんハードカバー版（まだ ON SALE）の〝1st ミックス・バージョン〟をあわせて味わっていただくのも読者の自由だろう。

二〇年前、ぼくらも「よく似た夢」を見たのだった。そこに集まった仲間は忌野清志郎をボスとするバンドのようなものだった。佐内正史氏は毎回の取材にも同行し、ごらんの通り濃密かつ変幻自在なショットを撮影してくれた。太田出版の村上清氏と北尾修一氏は連載から書籍化まで、身の毛もよだつほど要領の悪い取材・構成者の作業を助け続けてくれた。そして文庫化に尽力してくれた新潮文庫編集部の古浦郁氏、彼もかつてRCのただ一度の島根ツアーでロックに毒された中学生だった。突如ラジオから流れた『キミかわいいね』に驚愕《きょうがく》させられた高校生だった私もまた、巡り合わせの不思議と幸福をかみしめつつ、不在のボスに代わって感謝したい。

二〇一九年二月一八日

山崎浩一

解　説

津村記久子

書き出しについていろいろ考えたのですが、本書を読まれる大部分の皆さんにとって、筆者は「誰こいつ」という問いを免れられないだろうな、という結論に達したので、少しだけ自己紹介をさせてください。わたしは新人賞を受賞してから十四年目になる、売れない小説家です。この解説の依頼をくださった編集者さんを始め、「充分売ってあげてますでしょ」とおっしゃると思うし実際その通りで骨を折っていただいているんですが、未《いま》だ無意識に「小説家になりたい」と思うぐらい、実力的にも金銭的にも本人の幻想とはかけ離れています。

だから、自分みたいな中途半端《はんぱ》な書き手が、清志郎さんみたいな偉大な人の本の解説なんか書いてはだめだ、と当初は断った。たとえ自分が文章を書ける芽があってもそれは五百番目ぐらいだ。「でもこれは仕事についての本だから、あなたは仕事のことばっかり書いてるし、音楽について書く資格はなくても書いてください」と編集者さんは言った。

そういうわけでこれは仕事の本だ。それもこの上なく現実的で誠実な。世の中には仕事のやりかたについて語っている本なんて山ほどあるだろうし、会社の上司や先輩が仕事を教えてくれることももちろん普通にある。けれども本当のところ、自由業であっても会社員であっても、自分の奥底から立てなければいけない仕事と対峙《たいじ》する柱のようなものは、誰かがいつのまにか作ってくれるものではまったくないし、こうありたいと強く思う相手がいても真似《まね》はできない部分だ。自分自身でなんとかしてせっせと積んでいかなければいけない。「私にはこんなすごい柱がある」と見せびらかして稼ぐ人は世の中にあふれているけれども、説得力のある形でその根拠を示し、他の誰かにも実践できるように敷衍《ふえん》してくれる人はなかなかいない。「それはものすごく欲望が強かったからでは」「それは有り余る体力があったからでは」「それは親に教育があり実家が金持ちだったからでは」などと、どうしても持てる話者の特性への依存が垣間《かいま》見える。しかし本書での清志郎さんは、持たない側の者に、自分の中に仕事に立ち向かう柱を立てる実践の方法を教えてくれる。真似できない見習うべき人の領域に、なんとかして辿《たど》り着くための道筋を示してくれている。

本書で清志郎さんが教えてくれることは、ものを作るということ（音楽を作るということ）、メンタリティについて、ビジネスについて、の主に三つの側面に分けられると思う。一つ目の側面における、清志郎さんが語る曲作りに関するアドバイスは、創作で自由業に就いている／就こうとしている人全般に非常に参考になるはずだ。アヴァンギャルドが偉かった風潮の中にあって、それらも結局様式やスタイルになってなんだか似てしまう、と指摘した後、「アヴァンギャルドに走るのはイヤだ、売れないし、だけど、たとえ売れるとしても、ポップに流れて売れセン狙《ねら》いになるのも絶対イヤだ、と。そういうジレンマの中で揺れ動きながら、自分たちだけのスタイルやオリジナリティを模索していくしかなかった」と語る清志郎さんは、「でも、そのへんが実は、この仕事の一番スリリングで面白いところなんだ」と言う。この「アヴァンギャルドとポップの間の綱渡り」について、あまり曲がキレイにまとまり過ぎてしまうのもつまらないのでちょっと疑ってみたり、「歌詞にしても『他人がまだ何を歌っていないか』を探してほしい」ととても具体的に清志郎さんは語る。実際『雨あがりの夜空に』はそういう曲だという。わたしは音楽自体のことは「ものすごくいい」ぐらいしかわからないけど、歌詞の異常な巧みさに関してはまさしくその通りで、その裏にしっかりした意図と挑戦があったということを明かされて改めて感動した。しかし清志郎さんは、そのフォロワーが現れると、『雨あがり』的な世界を壊したいとまた考え始める。

曲作りについては「一番いいのは、スランプがきても大丈夫なように、調子のいい時に曲をつくりためてストックしておくこと」という堅実なアドバイスもある。ＲＣが急に売れてアルバム用に大量に新曲が必要になった時も、売れていない頃に作りためた曲がたくさんあったのでそれほど困らなかったそうだ。

スタイルへの言及にしろ、ストック作りの勧めにしろ、清志郎さんの話からは、バンドマンといえども、というか、バンドマンだからこその作ることからの逃れられなさと向き合う姿勢が伝わってくる。放蕩《ほうとう》しているうちに誰かがよしなにしてくれているというものではない。「産みの苦しみ」としてその創作の裏側を神秘のように語る人もいるけれども、清志郎さんの態度はとてもフラットで実際的だ。

外でアベックがいちゃついているような所が見えてしまう家で、一日八時間ぐらいギターを弾いてた時期があったという清志郎さんは「でも、アベックのやってることよりもずっと楽しいと思ってた」という。ギターを弾き続けながら、どんどんうまくなってる自分をイメージしていることの方が気持ちがよかった。努力という言葉に集約できないこの経験は、単行本版の帯で抜粋されている「自分の両腕だけで食べていこうって人が、そう簡単に反省しちゃいけない」という力強い言葉へとつながっている。「『やっぱりダメかと簡単には反省しちゃえないほどのこと』を、自分がどれだけできてるかっていうのが大切なんだ」と清志郎さんは言う。これらの話からは、仕事への誇りは誰かが与えてくれるものじゃないし、何もないところから降って湧《わ》くようなものでもなく、自分の手で獲得するものなのだと教えられる。

本書の中で、構成者の山崎さんは、清志郎さんに「売れない時期でも初志を貫徹できた動機として、一番大きかったものから順番をつけてくれ」と十項目のリストを渡す。詳細は省くけれども、最初の三つとして示される「有名になりたかった」「金持ちになりたかった」「女にモテたかった」について、清志郎さんが、「ポッと出で売れちゃった若手がいかにも言いそうなセリフ」と認識しながら、「ホントでもウソでも、あまりに芸がなさすぎやしないか」とくさすのがとても印象的だった。清志郎さんは「売れても売れなくてもとにかくロック的な生き方がしたかった」そうだ。それこそがロック・ミュージシャンでしか得られないものだから。清志郎さんがちゃんとその通りの生き方をしたということは、この本を手に取った方もよくご存じだろう。最初の三つの動機だけで成功している人は、正直大勢いると思う。けれども、音楽をやるとか、ものを作るということの奥を目指そうとするとそれだけでは成り立たないし、自分が本当は何をやりたいのかということと向き合う必要がある、とこの部分では示《し》唆《さ》される。

ビジネスという側面についても、表だっては語られないけれども大切な人間関係やお金について、時には数字を引き合いに出しながら忌憚《きたん》なく打ち明けられる。特に、プレス枚数は前回売れた分の60％という話はまったく知らなかったし衝撃的だった（今はもっと減少しているかもしれない）。また、プロダクションとレコード会社の関係についても、音楽で食べていこうという人には参考になるだろうし、レコード会社については「メシでもおごって社内にお友だちを作っておき、内部事情を探っておく」という、ウソかまことかわからないけれども、普通の会社員や自由業にも応用できるような技術を教えてくれる。

様々な業界の搾取《さくしゅ》を経験し、乗り越えてきた清志郎さんは、自分の無知を思い知り学んだ上で「『こんな要求してもよかったんだ』とか『けっこう言えば通るもんなんだ』っていう発見もたくさんあった。そういうことは、あっちからはなかなか教えちゃくれない」と言う。音楽の業界の話だけれども、自分自身もこのことには身に覚えがある。相手が不正直なわけではなくても、こちらが身を守るために時には強く主張できるようにならなければいけない。清志郎さんが話してくれる、個人が組織と仕事をしていく大変さについては、自由業に就きたい、やっていきたいと思っている人には本当に参考になると思う。

清志郎さんは、最大の動機に基づいてロック・ミュージシャンであることを全うし、職業人としてとても健全な考えを持っていた。神話や根性論の裏側に隠れて現場での仕事の仕方を教えない（教えたら下の人に追い抜かれるかもしれないから）というような人々が後を絶たない中、清志郎さんの仕事に関する実際的で柔軟な考えは、強い説得力を持って読者を励ます。タイトルの「独立」とは、文字通り人間が仕事によって独力で立つということで、清志郎さんはその困難と喜びについて余すことなく語ってくれる。そして本書を読むことは、忌野清志郎さんという不世出のバンドマンの魂が意志によって作り上げられたということを、言葉で整理された形で知る経験でもある。読み終わった時、きっと誰だって自分のやりたいことに対してもっと強い意志を持ちたい、と思えるはずだ。それが清志郎さんが話してくれた「独立」への最初の一歩なんじゃないだろうか。

自分の幻想が叶《かな》えられなくて、未だ半人前のような気分でも、自分が選んだことなら小説を書いていこうと思った。独りで立つこと、そして仕事との向き合い方に迷う、音楽や自由業を志す人たちに留まらず多くの職業人を、清志郎さんの誠実で率直な言葉が勇気付けることを切に願う。


（二〇一九年二月　小説家）

この作品は平成二十一年八月株式会社太田出版より刊行された。

著作権者との契約により、本著作物の二次及び二次的利用の管理・許諾は株式会社太田出版に委託されています。

小澤征爾著

ボクの音楽武者修行

〝世界のオザワ〟の音楽的出発はスクーターでのヨーロッパ一人旅だった。国際コンクール入賞から名指揮者となるまでの青春の自伝。

吉本ばなな著

イヤシノウタ

かけがえのない記憶。日常に宿る奇跡。男女とは、愛とは。お金や不安に翻弄されずに生きるには。人生を見つめるまなざし光る81篇。

千早 茜著

あとかた

島清恋愛文学賞受賞

男は、どれほどの孤独に蝕まれていたのだろう。そして、わたしは——。鏤《ちりば》められた昏い影の欠片が温かな光を放つ、恋愛連作短編集。

さくらももこ著

さくらえび

父ヒロシに幼い息子、ももこのすっとこどっこいな日常のオールスターが勢揃い！ 奇跡の爆笑雑誌「富士山」からの粒よりエッセイ。

柴崎友香著

わたしがいなかった街で

離婚して1年、やっと引っ越した36歳の砂羽。写真教室で出会った知人が行方不明になっていると聞くが——。生の確かさを描く傑作。

柴崎友香著

その街の今は

芸術選奨文部科学大臣新人賞受賞

カフェでバイト中の歌ちゃん。合コン帰りに出会った良太郎と、時々会うようになり——。大阪の街と若者の日常を描く温かな物語。

磯崎憲一郎著
終の住処
芥川賞受賞

二十代の長く続いた恋愛に敗れたあとで付き合いはじめ、三十を過ぎて結婚した男女。小説の無限の可能性に挑む現代文学の頂点。

本谷有希子著
生きてるだけで、愛。

25歳の寧子は鬱で無職。だが突如現れた同棲相手の元恋人に強引に自立を迫られ……。怒濤の展開で、新世代の〝愛〟を描く物語。

道尾秀介著
向日葵の咲かない夏

終業式の日に自殺したはずのS君の声が聞こえる。「僕は殺されたんだ」。夏の冒険の結末は。最注目の新鋭作家が描く、新たな神話。

西加奈子著
白いしるし

好きすぎて、怖いくらいの恋に落ちた。でも彼は私だけのものにはならなくて……ひりつく記憶を引きずり出す、超全身恋愛小説。

和田竜著
忍びの国

時は戦国。伊賀攻略を狙う織田信雄軍。迎え撃つ伊賀忍び団。知略と武力の激突。圧倒的スリルと迫力の歴史エンターテインメント。

重松清著
きみの友だち

僕らはいつも探してる、「友だち」のほんとうの意味——。優等生にひねた奴、弱虫や八方美人。それぞれの物語が織りなす連作長編。

新潮文庫最新刊

道尾秀介著
雷神
娘を守るため、幸人は凄惨な記憶を封印した故郷を訪れる。母の死、村の毒殺事件、父への疑惑。最終行まで驚愕させる神業ミステリ。

道尾秀介著
風神の手
遺影専門の写真館・鏡影館。母の撮影で訪れた歩実だが、母は一枚の写真に心を乱し……。幾多の嘘が奇跡に変わる超絶技巧ミステリ。

寺地はるな著
希望のゆくえ
突然失踪した弟、希望《のぞむ》。誰からも愛されていた彼には、隠された顔があった。自らの傷に戸惑う大人へ、優しくエールをおくる物語。

長江俊和著
出版禁止 ろろるの村滞在記
奈良県の廃村で起きた凄惨な未解決事件……。遺体は切断され木に打ち付けられていた。謎の手記が明かす、エグすぎる仕掛けとは！

花房観音著
果ての海
階段の下で息絶えた男。愛人だった女は、整形し、別人になって北陸へ逃げた――。「逃げる女」の生き様を描き切る傑作サスペンス！

松嶋智左著
巡査たちに敬礼を
現場で働く制服警官たちのリアルな苦悩と逆境からの成長、希望がここにある。6編からなる人間味に溢れた連作警察ミステリー。

新潮文庫最新刊

朝吹真理子著
TIMELESS
お互い恋愛感情をもたないうみとアミ。ふたりは〝交配〟のため、結婚をした——。今を生きる人びとの心の縁《よすが》となる、圧巻の長編。

安部公房著
飛ぶ男
安部公房の遺作が待望の文庫化！ 飛ぶ男の出現、2発の銃弾、男性不信の女、妙な癖をもつ中学教師。鬼才が最期に創造した世界。

西村京太郎著
土佐くろしお鉄道殺人事件
宿毛へ走る特急「あしずり九号」で起きたコロナ担当大臣の毒殺事件を発端に続発する事件。しかし、容疑者には完璧なアリバイがあった。

紺野天龍著
幽世《かくりよ》の薬剤師6
感染怪異「幽世の薬師」となった空洞淵は金糸雀を救う薬を処方するが……。現役薬剤師が描く異世界×医療×ファンタジー、第1部完。

J・バブリッツ
宮脇裕子訳
わたしの名前を消さないで
殺された少女と発見者の女性。交わりえないはずの二人の孤独な日々を死んだ少女の視点から描く、深遠なサスペンス・ストーリー。

浅倉秋成・大前粟生
新名智・結城真一郎
佐原ひかり・石田夏穂著
杉井光
嘘があふれた世界で
嘘があふれた世界で、画面の向こうにいる特別なあなたへ。最注目作家7名が〝今を生きる私たち〟を切り取る競作アンソロジー！

新潮文庫最新刊

金原ひとみ著
アンソーシャル ディスタンス
谷崎潤一郎賞受賞
整形、不倫、アルコール、激辛料理……。絶望の果てに摑んだ「希望」に縋り、疾走する女性たちの人生を描く、鮮烈な短編集。

梶よう子著
広重ぶるう
新田次郎文学賞受賞
武家の出自ながらも絵師を志し、北斎と張り合い、やがて日本を代表する〈名所絵師〉となった広重の、涙と人情と意地の人生。

千葉雅也著
オーバーヒート
川端康成文学賞受賞
大阪に移住した「僕」と同性の年下の恋人。穏やかな距離がもたらす思慕。かけがえのない日々を描く傑作恋愛小説。芥川賞候補作。

カツセマサヒコ・山内マリコ
恩田陸・早見和真
結城光流・三川みり
二宮敦人・朱野帰子著
もふもふ
―犬猫まみれの短編集―
犬と猫、どっちが好き？　どっちも好き！　笑いあり、ホラーあり、涙あり、ミステリーあり。犬派も猫派も大満足な8つの短編集。

大塚已愛著
友喰い
―鬼食役人のあやかし退治帖―
富士の麓で治安を守る山廻役人。真の任務は山に棲むあやかしを退治すること！　人喰いと生贄の役人バディが暗躍する伝奇エンタメ。

森美樹著
母親病
母が急死した。有毒植物が体内から検出されたという。戸惑う娘・珠美子は、実家で若い男と出くわし……。母娘の愛憎を描く連作集。

ロックで独《どく》立《りつ》する方《ほう》法《ほう》

新潮文庫　い－42－2

平成三十一年四月一日発行
令和六年三月二十五日三刷

著者　忌《いまわ》野《の》清《きよ》志《し》郎《ろう》

発行者　佐藤隆信
発行所　株式会社新潮社
郵便番号　一六二—八七一一
東京都新宿区矢来町七一
電話　編集部(〇三)三二六六—五四四〇
読者係(〇三)三二六六—五一一一
https://www.shinchosha.co.jp

価格はカバーに表示してあります。

乱丁・落丁本は、ご面倒ですが小社読者係宛ご送付ください。送料小社負担にてお取替えいたします。

印刷・錦明印刷株式会社　製本・錦明印刷株式会社

© Kiyoshirō Imawano 2009 Printed in Japan

ISBN978-4-10-127312-9 C0195